너는 꿈을 어떻게 이룰래?
긍정 생각

한

너는 꿈을 어떻게 이룰래? (긍정 생각)

펴   냄 2010년 3월 10일 1판 1쇄 박음 | 2010년 3월 15일 1판 1쇄 펴냄
지은이 리앙즈웬(梁志援)
옮긴이 이선애
펴낸이 김철종
펴낸곳 (주)한언
        등록번호 제1－128호 / 등록일자 1983. 9. 30
주 소 서울시 마포구 신수동 63－14 구 프라자 6층(우 121－854)
TEL. 02－701－6616(대) / FAX. 02－701－4449
책임편집 박선미
디자인 정현영·양미정·백은미
홈페이지 www.haneon.com
e-mail haneon@haneon.com

        ISBN 978－89－5596－570－4 63370

너는 꿈을
어떻게 이룰래?
긍정 생각

리앙즈웬(梁志援) 지음 | 이선애 옮김

Message

To.

From.

왜 '긍정적인 생각'을 가져야 할까?

모든 사람이 '불가능하다.'고 하는 일을 기적처럼 해내서 감동을 주는 사람들이 있다. 팔과 다리 없이 태어났지만, 주어진 환경에 좌절하지 않고 방송국 리포터가 된 《오체불만족》의 오토다케 히로타, 네 손가락으로 아름다운 선율을 연주하는 피아니스트 희아, 평발에 왜소한 체격을 가졌지만 세계적인 축구 선수가 된 박지성 등이 바로 그 예이다.

이들은 보통 사람들에 비해 불리한 체격 요건을 갖추었음에도 불구하고, 각자의 분야에서 성공할 수 있었다. 그 이유는 무엇일까? 바로 이들이 모두 '긍정적인 생각'을 갖고 있었기 때문이다. 만약 이들이 '할 수 없다.'는 생각을 갖고 있었다면, 시도해 보기도 전에 포기했을 것이다. 하지만 이들은 '할 수 있다.'는 생각으로 끊임없이 연습하고 노력했다. 그렇기 때문에 해낼 수 있었다.

이처럼 생각은 '힘'이 있다. 아이들에게 '할 수 있다.'는 긍정적인 생각을 심어 주면, 아무리 힘들고 어려운 일을 만나도 포기하지 않고 극복해 낼 수 있다.

어릴 때 심어 준 '사고력'이 평생 간다!

속담에도 '세 살 버릇 여든 간다.'는 말이 있다. 어릴 때 한 번 길들여진 습관은 고치기 어렵다는 뜻이다. 습관뿐 아니라 사고방식도 마찬가지다. 한 번 심어진 사고방식을 바꾸는 것은 무척 어렵다. 그렇기 때문에 어릴 때부터 올바른 사고방식을 심어 주는 게 중요하다.

어릴 때부터 부정적인 생각에 길들여진 아이는 조그마한 어려움에도 쉽게 좌절하고 포기한다. 하지만 긍정적인 생각에 길들여진 아이는 '할 수 있다.'는 생각이 강하기 때문에 그 어려움을 잘 극복할 수 있다.

이 책을 어떻게 활용해야 할까?

'긍정적인 생각'을 주입식으로 심어 주는 것이 아니라 아이들이 깨달음을 통해 스스로 '긍정적인 생각'을 갖도록 각 장마다 재미있는 예화를 넣었다. 따라서 예화를 읽고 배운 점과 깨달은 점에 대해 생각해 보자. 그리고 현재 고민하고 있는 문제를 어떻게 생각하고 행동하면 좋은지 해결책을 찾아보자.

이야기를 읽고 충분히 생각해 보았다면, 제시된 문제를 풀도록 하자. 이야기를 잘 이해했는지 확인하는 정도의 난이도이기 때문에 쉽게 풀 수 있다.

죽은 지식과 살아 있는 지혜

초등학교를 졸업할 때쯤 아이들의 신체 조건, 지적 수준, 사고 능력은 거의 비슷하다고 할 수 있다. 그러나 오랜 세월이 지난 후 그 결과는 사뭇 다르다. 아마도 이러한 결과를 운의 몫으로 돌리는 사람도 있을 것이다. 어떤 사람들은 운이 따르지 않아서 성공할 수 없었고, 어떤 사람들은 운 좋게 귀인을 만나 성공했다고 생각할 수도 있다. 그렇다면 행운 외에 다른 이유는 없는 것일까?

한 학년의 학업을 마쳤다는 것은 학교에서 배운 지식과 능력이 다른 사람과 별 차이가 없다는 것을 의미한다. 그런데 왜 일부분의 사람들만 배운 지식을 자유자재로 활용할 수 있을까? 그것은 그들에게 또 다른 살아 있는 지혜가 있기 때문이다.

지식 사회에서 살고 있는 우리는 그 어느 때보다 지식에 대한 욕구가 간절하다. 우리는 반드시 이전보다 더 치열하게 학습하고 많은 시간을 투자해야 한다. 예를 들면 대학을 졸업하고 나서도 전공 관련 자격증을 취득하거나 앞으로 생계유지에 필요한 전문 기술을 배워야 한다. 기초적인 전문 기술이 우리의 경쟁력을 높여 주고, 생계유지 차원에서 도움이 된다는 것은 의심할 여지가 없다. 그러나 이런 '죽은 지식'을 자유자재로 활용하려면 반드시 '산지식'을 자유자재로 활용할 수 있는 능력이 필요하다. 그렇다면 산지식을 활용할 수 있는 능력이란 무엇일까?

유명한 미래학자 존 나이스비트는 지식 사회에서 다음과 같은 네 가지 기능을 습득해야 한다고 말한다. 그것은 바로 공부하는 방법, 생각하는 방법, 창조하는 방법, 교제하는 방법이다.

같은 분야의 전문 자격증을 취득한 엔지니어 두 명이 있었다. 그중 A라는 사람은 공부하는 방법을 알고 있었기 때문에 급속하게 변화하는 시장의 요구에 맞춰 신제품 관련 지식을 파악할 수 있었고, 사람들과 교제하는 방법과 표현 능력이 뛰어났기 때문에 더 많은 주문을 받을 수 있었다. 또한 창의적인 사고방식을 가지고 있어서 어려운 문제에 부딪쳤을 때 빠르고 쉽

게 해결할 수 있었다. 그리고 과거를 반성하고 미래를 예측할 수 있는 혜안 덕분에 더욱 많은 기회를 잡을 수 있었다. 그러나 B라는 사람은 A처럼 하지 못했기 때문에 그에 비해 성공적인 삶을 살지 못했다.

죽은 지식과 산지식의 차이점

• 죽은 지식은 쉽게 시대에 뒤떨어지고 새로운 지식에 자리를 내주지만, 산지식은 평생 활용이 가능하다.

• 죽은 지식을 습득하는 데는 많은 시간이 필요하지만, 산지식은 짧은 시간 안에 쉽게 배울 수 있다. 그러나 산지식을 이해할 수도 인정할 수도 없는 사람들은 평생 걸려도 배우지 못한다.

• 죽은 지식은 일반적으로 학교에서 교과 과정을 통해 배울 수 있지만, 산지식은 언제 어디서 나 정해진 틀에 얽매이지 않고 배울 수 있다.

• 죽은 지식은 평가가 가능하지만, 산지식은 정확하게 평가하기가 어렵고 긴 시간이 지나야 그 결과를 통해 알 수 있다. 그러나 확실하게 산지식을 배울 수 있다면 그 효과는 굉장하다.

성공한 사람들의 공통점이 있다면 그들은 산지식의 소유자라는 것이다. 리앙즈웬 선생이 쓴 〈너는 꿈을 어떻게 이룰래?〉 시리즈는 바로 세계적인 교육의 새로운 흐름에 따라 집필된 '산 지식'이라 하겠다. 이 시리즈는 지식 사회가 요구하는 인재 육성을 위한 훌륭한 교과서다. 이 책의 특징은 어려운 문장은 피하고, 간결하고 정확한 언어를 사용했다는 점이다. 연습 문제 를 통해 학생들이 쉽게 이해하고, 그 숨은 뜻을 바로 습득할 수 있도록 구성했다. 즉 이 책에 서 제기된 많은 지식들은 사람들이 평생 배워도 체계적으로 터득하기 어려운 산지식이라고 자신 있게 말할 수 있다. 아이들이 이 시리즈를 통해 평생 사는 데 도움이 되는 훌륭한 지혜들 을 얻기 바란다.

- 존 라우 〈너는 꿈을 어떻게 이룰래?〉 시리즈 고문

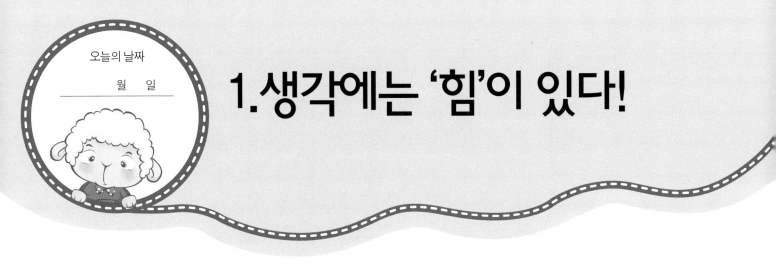

오늘의 날짜

월 일

1. 생각에는 '힘'이 있다!

생각에 힘이 있다니! 이 말은 무엇을 뜻할까? 엘버트 앨리스 박사의 연구에 따르면 사람의 기분이나 행동의 결과는 생각에 따라 결정된다고 한다. 이처럼 정말로 생각에 힘이 있다면 우리는 어떤 생각을 하는 게 좋을까? '오늘의 배울거리'와 '정확하게 읽기'를 통해 생각이 갖고 있는 힘에 대해 자세히 알아보자.

오늘의 배울거리

걱정 많은 어머니

옛날에 우산을 파는 아들과 부채를 파는 아들을 둔 어머니가 살았다. 어머니는 매일매일 아들 걱정에 한숨이 끊이지 않았다. 비가 오는 날에는 부채가 안 팔리고, 햇볕이 쨍쨍한 날에는 우산이 안 팔린다는 생각 때문이었다.

그러던 어느 날이었다. 어머니는 어김없이 아들 걱정에 한숨만 푹푹 쉬고 있었다. 지나가던 나그네가 이를 보고, 이상하게 생각하여 물었다.

"아주머니, 얼마나 힘든 일이 있기에 그렇게 세상 꺼질 듯 한숨을 쉬는 겁니까?"

어머니는 나그네에게 하소연하듯 말했다.

"아들이 둘 있는데 하나는 우산 장수고, 나머지 하나는 부채 장수요. 이렇게 날이 화창한 날은 우산이 안 팔리니 걱정이고, 비가 오는 날에는 부채가 안 팔려 걱정이니 내가 365일 걱정 안 할 날이 어디 있겠소."

어머니의 이야기를 들은 나그네는 호탕하게* 웃더니 대답했다.

"아주머니는 좋겠구려. 오늘처럼 날이 화창한 날은 부채가 잘 팔리고, 비가 오는 날에는 우산이 잘 팔릴 테니 365일 웃을 날만 있겠소."

● ● ● 낱말 풀이
호탕하다 : 씩씩하고 우렁차며 힘이 있는 모습

앞의 이야기를 통해 우리는 어떤 점을 생각해 볼 수 있을까? 이야기 속에 등장하는 어머니와 나그네의 태도를 찬찬히 살펴보고, 다른 점을 발견해 보자.

어머니는 날씨가 화창하면 우산을 파는 아들에게 안 좋을 것이라고 생각했고, 비가 오면 부채를 파는 아들에게 안 좋을 것이라고 생각했다. 반대로 나그네는 날씨가 화창하면 부채를 파는 아들에게 좋을 것이라고 생각했고, 비가 오면 우산을 파는 아들에게 좋을 것이라고 생각했다.

안 좋은 점에 대한 생각을 '부정적인 생각', 좋은 점에 대한 생각을 '긍정적인 생각'이라고 한다. 이를 볼 때 어머니는 부정적인 생각을, 나그네는 긍정적인 생각을 하고 있다는 것을 알 수 있다.

부정적인 생각을 하는 어머니는 매일 걱정이 끊이지 않았다. 이와 같이 부정적인 생각은 걱정, 불안, 절망*을 함께 몰고 온다. 하지만 긍정적인 생각은 기쁨, 행복을 가져다준다.

중요한 것은 부정적인 생각이든 긍정적인 생각이든 이 모든 것이 마음먹기에 달려 있다는 것이다.

그렇다면, 우리는 그동안 어떤 생각을 갖고 살아왔을까? 어머니와 나그네 둘 중에 우리는 누구와 닮았는지 찬찬히 비교해 보자. 그리고 우리가 앞으로 어떤 태도로 살아가야 좋을지 곰곰이 생각해 보자.

● ● ● **낱말 풀이**
절망 : 바라볼 것이 없게 되어 모든 희망을 끊어 버린 상태

정확하게
읽기

수학에 자신감이 붙은 희선이의 비결!

희선이는 수학에 자신이 없다. 숫자만 봐도 머릿속이 어지럽고, 속이 울렁거린다. 수학 문제를 풀기도 전에 어렵다는 생각부터 들어서 결국 문제 푸는 것을 포기하게 된다. 이런 희선이를 걱정한 선생님이 어느 날 희선이를 불러 말씀하셨다.

"희선아, 수학은 어려운 게 아니란다. 우리가 사는 일상생활 속 곳곳에 수학이 숨어 있지. 일상생활 속에 숨어 있는 수학에는 어떤 것이 있는지 우리 이제부터 매일 한 가지씩 찾아보도록 하자."

일상 속에 숨어 있는 수학 찾기를 한 지 한 달쯤 지나자 신기한 일이 벌어졌다.

숫자만 봐도 어지러웠던 희선이가 이제는 어려운 수학 문제도 알아서 척척 풀 수 있게 됐다. 일상 속에 숨어 있는 수학 찾기를 하면서 수학에 대한 두려움이 사라지고, 오히려 자신감이 붙은 것이다.

희선이는 평소 수학에 자신이 없기 때문에 '어차피 나는 수학 문제를 못 풀 거야.'라는 생각을 했을 것이다. 이러한 생각이 문제를 풀기도 전에 포기하도록 만들었다. 결국 못할 거라는 생각 때문에 진짜 못하게 된 것이다.

이러한 내용을 연구한 사람이 있다. 바로 미국의 심리학자 앨버트 엘리스 박사다. 앨버트 엘리스 박사는 사건(Antecedent), 생각(Belief), 결과(Consequence)를 뜻하는 영어 단어의 앞 글자를 따서 'A, B, C 인류* 행동 모델' 이론*을 내놓았다.

'A, B, C 인류 행동 모델' 이론은 사람의 기분이나 행동의 결과는 사건에 대한 생각에 따라 결정된다는 내용이다. 아래의 표를 보면 조금 더 쉽게 이해할 수 있다.

사건 Antecedent	생각 Belief	결과 Consequence

앞의 희선이 이야기를 'A, B, C 인류 행동 모델' 이론과 비교해 보자. 희선이는 수학에 자신이 없다고 했다. 이때 사건은 '수학'이고, 수학에 대한 생각이 바로 '자신 없다.'다. 이러한 생각의 결과, 희선이는 수학 문제를 풀기도 전에 포기하게 된 것이다.

그럼, 선생님과 일상생활 속 수학 찾기를 하고 난 후 희선이의 행동이 어떻게 바뀌었을까? 일상생활 속 수학 찾기를 하면서 희선이는 수학에 대한 두려움을 없앨 수 있었고, 자신감을 얻었다.

이것을 'A, B, C 인류 행동 모델' 이론과 비교해 보자. 사건은 '수학', 수학에 대한 생각은 '두려움이 없어지고, 자신감을 얻었다.'다. 이러한 생각의 결과, 희선이는 어려운 문제도 척척 풀 수 있게 되었다.

● ● · · 낱말 풀이
인류 : 세계의 모든 사람
이론 : 사물의 이치나 지식 등을 해명하기 위하여 논리적으로 정연하게 일반화한 명제의 체계

생각이 얼마나 큰 힘을 갖고 있는지 우리는 'A, B, C 인류 행동 모델' 이론을 통해 다시 한 번 깨달을 수 있다. 긍정적인 생각은 긍정적인 결과를 가져오고, 부정적인 생각은 부정적인 결과를 가져온다. 우리가 긍정적인 힘을 발휘하려면, 긍정적인 생각을 하도록 노력해야 한다.

그럼, 문제를 풀면서 'A, B, C 인류 행동 모델' 이론을 확실히 깨우치자.

1. 다음 중 사건(A)에 해당하는 예는 어떤 것일까? (모두 선택)

① 슬프다　　　　　　　② 지각하다

③ 포기하다　　　　　　④ 고민하다

⑤ 시험을 보다　　　　　⑥ 직장을 잃다

⑦ 화가 난다　　　　　　⑧ 뼈가 부러지다

2. 다음 중 생각(B)에 해당하는 예는 어떤 것일까? (모두 선택)

① 나는 할 수 있다　　　　　② 나는 남 앞에 서는 게 두렵다

③ 나는 못할까 봐 걱정된다　④ 수학 공부가 즐겁다

⑤ 나는 어리석다　　　　　　⑥ 여행을 간다

⑦ 나는 운이 좋다　　　　　　⑧ 떨린다

3. 'A, B, C 인류 행동 모델'이 일어나는 순서를 바르게 나타낸 것은 어느 것일까?

① 결과 → 사건 → 생각　　　② 사건 → 생각 → 결과

③ 사건 → 결과 → 생각　　　④ 생각 → 사건 → 결과

4. 사건이 발생하는 순서를 바르게 나타낸 것은 무엇일까?

① 실업* → 포기 → 자책 → 절망　　② 실업 → 자책 → 절망 → 포기

③ 실업 → 절망 → 자책 → 포기　　④ 실업 → 자책 → 포기 → 절망

* * * **낱말 풀이**
실업 : 일자리를 잃거나 일할 기회를 가지지 못하는 상태

5. 친구와 싸운 후 고통을 느꼈다면 그 이유는 무엇일까?

① 친구와 싸운 결과 때문　　　② 친구가 나에게 한 비난* 때문

③ 내가 친구에게 한 비난 때문　④ 친구와 싸운 것에 대한 내 생각 때문

* * * **낱말 풀이**
비난 : 남의 결점이나 잘못을 책잡아서 나쁘게 말함

6. 똑같은 사실에 대해서도 결과가 다를 수 있다면 그 이유는 무엇일까?

　　① 사실에 대해 사람마다 생각하는 것이 다르기 때문에

　　② 사람마다 태어난 배경이 다르기 때문에

　　③ 사람마다 생활 습관이 다르기 때문에

　　④ 사람마다 믿는 종교가 다르기 때문에

7. 아름다운 인생을 살고 싶다면 우리는 무엇을 바꾸어야 할까?

　　① 외모　　② 생각　　③ 기분　　④ 행위*

실천해 보기

A, B, C 인류 행동 모델 따라 하기

앞에서 배운 A, B, C 인류 행동 모델에 대한 내용을 곰곰이 떠올려 보고, 빠진 내용이 무엇인지 찾아보자.

1. 어떤 내용이 빠졌을까?

사건(A): 비가 내린다	결과(C): 정말 엉망이다

　　① 생각(B): 빗속을 거닐면 시인이 된 듯한 기분일 거야

　　② 생각(B): 오늘 여행은 취소될 거야

　　③ 생각(B): 창밖의 비 오는 풍경이 너무 황홀*한 것 같아

　　④ 생각(B): 집에 남아 복습을 해야겠어

2. 어떤 내용이 빠졌을까?

사건(A): 곧 시험이다	결과(C): 몹시 즐겁다

　　① 생각(B): 선생님이 공평하게 점수를 줄지 모르겠어

　　② 생각(B): 문제집을 사야 할 돈이 필요하겠군

　　③ 생각(B): 나는 열심히 복습해야겠어

　　④ 생각(B): 내 실력을 발휘할 수 있는 기회야

3. 어떤 내용이 빠졌을까?

> 사건(A): 친한 친구가 약속 시간을 어겼다
>
> 생각(B): 일이 있어서 늦었거나 오는 길에 무슨 일이 생겼을 거야

① 결과(C): 기뻐한다   ② 결과(C): 절망한다

③ 결과(C): 걱정한다   ④ 결과(C): 화가 난다

4. 어떤 내용이 빠졌을까?

> 사건(A): 수학 시험 점수가 나쁘다   생각(B): 난 정말 못난이야

① 결과(C): 수학 공부를 열심히 한다

② 결과(C): 원망한다

③ 결과(C): 마음속에 깊이 품고 있던 생각을 털어놓는다

④ 결과(C): 열등감*을 느낀다

• • • 낱말 풀이

열등감 : 자기를 남보다 못하거나 무가치한 인간으로 낮추어 평가하는 감정

5. 어떤 내용이 빠졌을까?

> 사건(A): 길이 막혀 등교가 늦어졌다
>
> 결과(C): 마음이 홀가분하고 편안하다

① 생각(B): 교통사고가 났나?

② 생각(B): 지각하면 선생님한테 혼나는데 큰일이군

③ 생각(B): 조용히 길가의 풍경을 감상할 수 있겠군

④ 생각(B): 또 어떤 몹쓸* 기사가 운전을 조심하지 않았군

• • • 낱말 풀이

몹쓸 : 악독하고 고약한

6. 어떤 내용이 빠졌을까?

> 사건(A): 제품이 팔리지 않는다
>
> 생각(B): 우리는 제품의 질을 높여야 해

① 결과(C): 상사*의 실수를 원망한다   ② 결과(C): 더 열심히 일한다

③ 결과(C): 일하는 것을 포기한다   ④ 결과(C): 게으른 동료를 원망한다

• • • 낱말 풀이

상사 : 자기보다 벼슬이나 지위가 위인 사람

7. 어떤 내용이 빠졌을까?

> 사건(A): 다음 주 친구의 생일 파티에 가야 한다
>
> 생각(B): 새 옷이 없는데 어떡하지?

① 결과(C): 만족한다

② 결과(C): 고민한다

③ 결과(C): 기뻐한다

④ 결과(C): 노래를 부른다

8. 어떤 내용이 빠졌을까?

> 사건(A): 감기 때문에 집에서 쉬었다
>
> 결과(C): 매일 일찍 자고 일찍 일어난다

① 생각(B): 나는 감기에 걸리는 것이 정말 싫어

② 생각(B): 하나님은 왜 나한테 이런 벌을 줄까?

③ 생각(B): 앞으로는 건강에 주의*해야겠어

④ 생각(B): 어머니는 정말 책임감이 없어

● ● ● **낱말 풀이**

주의 : 마음에 새겨 두고 조심함

9. 어떤 내용이 빠졌을까?

> 사건(A): 곧 유학*을 간다.
>
> 결과(C): 고민을 한다

① 생각(B): 나의 견문*을 넓힐 수 있을 거야

② 생각(B): 친구들을 자주 만날 수 없을 거야

③ 생각(B): 메일로 친구들과 연락해야지

④ 생각(B): 더 많은 새 친구들을 사귈 수 있을 거야

● ● ● **낱말 풀이**

유학 : 외국에 머물면서 공부함

견문 : 보거나 들어서 얻은 지식

10. 어떤 내용이 빠졌을까?

> 사건(A): 집에 도둑이 들었다
>
> 생각(B): 다행히 귀중품*을 잃어버리지 않았네

① 결과(C): 아무 일도 없는 듯 행동한다

② 결과(C): 매우 실망한다

③ 결과(C): 얼빠진* 사람처럼 멍하니 있는다

④ 결과(C): 노발대발*한다

● ● ● ● 낱말 풀이

귀중품 : 귀중한 물건

얼빠지다 : 정신이 없어지다

노발대발 : 몹시 노하여 펄펄 뛰며 성을 냄

머릿속에 넣기

🐵 생각에는 힘이 있다.

🐵 A, B, C 인류 행동 모델 : 사건(A) → 생각(B) → 결과(C)

🐵 긍정적인 생각은 긍정적인 결과를 낳고, 부정적인 생각은 부정적인 결과를 낳는다.

🐵 행복한 인생을 살기 위해서는 생각을 바꾸어야 한다.

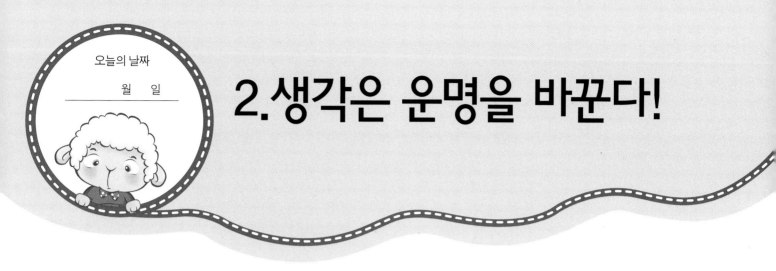

2.생각은 운명을 바꾼다!

A, B, C 인류 행동 모델에 따르면 긍정적인 생각은 긍정적인 결과를 낳고, 부정적인 생각은 부정적인 결과를 낳는다. 이처럼 생각에는 힘이 있다. 이러한 생각의 힘은 심지어 한 사람의 운명을 바꾸기도 한다. 하인스 워드나 헬렌 켈러, 나폴레옹 등의 이야기를 통해 생각이 어떻게 운명을 바꾸는지 살펴보자.

오늘의
배울거리

희망은 미래를 만들어 낸다고 믿은 하인스 워드

유명한 풋볼 선수 하인스 워드에게 한계*와 난관*이라는 말은 무척 친숙하다. 미국인 아버지와 한국인 어머니 사이에서 태어나 어릴 때부터 혼혈*이라는 사회적 편견*에 맞서 싸워야 했기 때문이다. 뿐만 아니라 어려운 가정 형편이 그림자처럼 그를 따라다녔다. 하지만 하인스 워드는 좌절하지 않았다. 오히려 어려운 상황에서도 늘 웃음을 잃지 않았다.

'할 수 있다.'는 하인스 워드의 긍정적인 생각은 결국 실현*되었다. 그는 2006년 슈퍼볼에서 최우수 선수상(MVP)을 받았고, 플로리다에서 열린 제43회 슈퍼볼에서도 27대 23으로 팀을 승리로 이끌었다.

경기가 끝난 후, 그는 구단 홈페이지 인터뷰에서 "난 한순간도 의심하지 않았고 결코 포기하지 않았다. 희망은 미래를 만들어 낸다."고 말했다.

사실 경기 당시 하인스 워드의 몸 상태는 최악이었다. 지난 경기에서 입은 부상이 회복되지 않은 상태였기 때문이다. 무리하면 선수 생활을 못할 수도 있다고 의사는 경고했지만, 하인스 워드는 경기에 참가했고 결국 승리했다.

● ● ● **낱말 풀이**

한계 : 사물이나 능력, 책임 등이 실제 작용할 수 있는 범위

난관 : 일을 해 나가면서 부딪치는 어려운 고비

혼혈 : 서로 인종이 다른 혈통이 섞임

편견 : 공정하지 못하고 한쪽으로 치우친 생각

실현 : 꿈, 기대 등을 실제로 이룸

몸 상태가 좋지 않았음에도 불구하고 하인스 워드가 승리를 할 수 있었던 이유는 무엇일까? 바로 '긍정적인 생각' 때문이다.

우리가 늘 하는 '생각'은 자신의 운명에 영향을 준다. 하인스 워드는 '희망은 미래를 만들어 낸다.'고 믿었고, 그 믿음이 큰 힘을 발휘하여 경기를 승리로 이끌었다. 이처럼 항상 긍정적으로 생각하면 그것이 쌓이고 쌓여 큰 힘을 발휘한다.

반대로 항상 부정적으로 생각하면, 그것이 쌓이고 쌓여 영원히 회복할 수 없는 지경에 이를 수도 있다.

따라서 꿈을 이루고 싶다면 긍정의 힘이 쌓일 수 있도록 매 순간 긍정적인 생각을 해야 한다.

정확하게 읽기

맛 좋고 튼실한 벼를 수확한 긍정이!

옛날 어느 마을에 긍정이와 부정이가 살았다. 둘은 한 형제였지만 성격은 정반대였다. 긍정이는 어떤 일이 닥쳐도 낙천적*이었지만 부정이는 늘 불만투성이었다.

어느 날, 부모님이 긍정이와 부정이를 불러 말씀하셨다.

"어느새 너희도 다 컸으니, 슬슬 독립을 할 때가 된 것 같구나. 너희에게 각각 논 한 마지기*씩 줄 터이니, 이제부터 너희 앞길은 각자 알아서 일구어 나가도록 하여라."

부모님의 말을 듣고 긍정이는 '그래, 앞으로 논을 열심히 일구어서 맛 좋고 튼실한 벼를 수확*할 테야.'라고 다짐했다. 하지만 부정이는 '겨우 논 한 마지기로 뭘 어떻게 하라는 거야?'라며 투덜댔다.

긍정이는 '좋은 쌀을 수확하는 법', '농사 잘 짓는 법' 등에 대한 공부를 열심히 했고, 공부를 통해 얻은 지식을 바탕으로 논 한 마지기를 일구어 나갔다. 하지만 부정이는 '농사짓는 게 그게 그거지.'라고 생각하며, 긍정이가 하는 것을 보고 대충 따라했다.

1년이 지나 수확의 계절, 가을이 돌아왔다. 긍정이는 처음 다짐했던 대로 맛

● ● ● 낱말 풀이

낙천적 : 세상과 인생을 즐겁고 좋은 것으로 여기는 것

마지기 : 논밭 넓이의 단위로, 한 마지기는 볍씨 한 말의 모 또는 씨앗을 심을 만한 넓이. 지방마다 다르나 논은 약 150~300평, 밭은 약 100평 정도다

수확 : 익은 농작물을 거두어들임

좋고 튼실한 벼를 수확했다. 하지만 부정이가 수확한 것은 속에 알맹이가 없는 쭉정이뿐이었다.

'논 한 마지기를 일군다.'는 똑같은 상황에서도 낙천적인 성격의 긍정이는 맛좋고 튼실한 벼를 수확했지만, 부정이는 알맹이 없는 쭉정이만 수확했다. 이처럼 똑같은 상황에서도 생각이나 태도에 따라 전혀 다른 결과를 얻을 수 있다. 미국의 심리학 교수 마르탱 셀리멘트는 보험회사에 다니는 세일즈맨[*] 200명을 대상으로 성격에 따라 성과[*]가 어떻게 달라지는지 실험했다. 일단 긍정적인 성격, 보통, 부정적인 성격 등 성격의 정도에 따라 몇 개의 등급으로 나눈 후 2년 동안 그들이 얻어 낸 성과를 연구했다. 그 결과 가장 긍정적인 성격을 가진 그룹이 가장 부정적인 성격을 가진 그룹보다 88%나 성과가 높았다. 세일즈맨은 손님들로부터 자주 거절을 당하는 직업 중의 하나이다. 거절을 당하면, 누구든 실망하고 의기소침해지기 쉽다. 하지만 긍정적인 사람은 자주 거절을 당해도 마음이 흔들리거나 중간에 포기하지 않는다는 것을 마르탱 셀리멘트 교수의 실험 결과를 통해 알 수 있다. 이처럼 긍정적인 생각은 성공을 향한 중요한 열쇠가 된다.

마르탱 셀리멘트 교수의 실험 결과를 통해 우리는 다시 한 번 긍정적인 생각이 얼마나 큰 힘을 발휘하는지 알 수 있었다. 성공의 열쇠를 얻기 위해 매일 긍정적인 생각을 하도록 노력하자.

1. 세일즈맨들이 일에 대한 의욕[*]을 쉽게 잃어버리는 이유는 무엇일까?

① 상사에게 자주 거절당해서　　② 동료에게 자주 거절당해서

③ 손님에게 자주 거절당해서　　④ 다른 사람에게 자주 거절당해서

2. 마르탱 셀리멘트 교수의 연구에 따르면 가장 긍정적인 세일즈맨 그룹과 가장 부정적인 세일즈맨 그룹들의 성과는 얼마나 차이가 날까?

① 긍정적인 세일즈맨 그룹이 58% 높다

② 긍정적인 세일즈맨 그룹이 68% 높다

③ 긍정적인 세일즈맨 그룹이 78% 높다

④ 긍정적인 세일즈맨 그룹이 88% 높다

3. 긍정적인 세일즈맨은 거절을 당하면 어떤 생각을 할까? (모두 선택)

① 열 번 전화를 하면 만날 기회를 한 번은 갖게 될 거야

② 이 시간에는 전화를 하지 말았어야 했어. 다른 시간에 해 보자

③ 나는 세일즈맨의 소질이 없어

④ 나는 우수한 세일즈맨이야

⑤ 아직 나한테 상품을 살 사람은 많이 있을 거야

⑥ 대부분의 사람들은 이미 다른 상품을 샀을 거야

4. 부정적인 세일즈맨들은 거절을 당하면 어떤 생각을 할까? (모두 선택)

① 다른 회사의 상품이 너무 좋은 모양이야

② 나는 최고의 세일즈맨이 될 기회가 없어

③ 아주 적은 사람들이 상품을 샀을 뿐이야

④ 똑같은 상품을 또 사는 사람은 별로 없어

⑤ 그래도 나는 우수한 세일즈맨이야

⑥ 손님은 늘 나를 만날 시간이 없어

5. 마르탱 셀리먼트 교수의 연구에 따르면 긍정적인 생각은 어떤 반응을 일으킬까? (모두 선택)

① 불법을 저지르게 된다

② 일 처리를 제대로 안 하게 된다

③ 도중[*]에 절대 포기하지 않게 된다

④ 세상을 업신여기고[*] 무시하게 된다

⑤ 게으름을 피우게 된다

⑥ 마음이 흔들리거나 좌절하지 않게 된다

6. 마르탱 셀리멘트 교수의 연구에 따르면 어떤 자질[*]을 가진 사람이 성공을 할까?

① 겸손한 태도   ② 긍정적인 성격

③ 총명[*]한 머리   ④ 창의적인 머리

정확하게
읽기

즐거운 까치

어느 화사한 봄날 아침이었다. 예쁜 꽃과 파란 나뭇잎, 아름다운 세상에 반한 까치는 바람에 흔들리는 나뭇가지 위에 앉아 노래를 했다. 노래를 들은 들쥐가 까치에게 물었다.

"너는 무슨 좋은 일이 있기에 노래까지 부르는 거니?"

그러자 까치는 부르던 노래를 멈추고, 땅속의 들쥐에게 말했다.

"들쥐야, 어서 나와 봐. 공기가 얼마나 상쾌한지 내 마음까지 깨끗해지는 것 같아. 꽃들은 또 얼마나 아름다운지 내 마음까지 아름다워지는 것 같단다. 야들야들[*]한 파란 나뭇잎, 따스한 햇볕, 세상이 너무 사랑스럽지 않니?"

들쥐는 눈을 크게 뜨더니, 이상하다는 듯 대꾸했다.

"허튼소리 하지 마! 나는 여기서 오랫동안 살았지만 아름다운 세상 따위는 본 적이 없어. 내가 본 것은 딱 두 가지뿐이었어. 그건 바로 풀뿌리와 지렁이야."

그러나 까치는 그 말에 지지 않고 들쥐를 설득했다.

"하하! 들쥐 선생, 당신 말이 맞는지 내 말이 맞는지 직접 올라와 한번 보시죠?"

들쥐는 결국 나뭇가지 위로 기어 올라왔다. 그러자 거짓말처럼 들쥐의 눈앞에 아름다운 세상이 펼쳐졌다.

들쥐는 아름다운 세상은 없다고 생각했다. 그동안 땅속에서 풀뿌리와 지렁이만 봐 왔기 때문이다. 하지만 상쾌한 공기, 아름다운 꽃, 야들야들한 파란 나뭇잎, 따스한 햇볕과 같이 아름다운 세상은 실제 있었다.

사람들은 자신이 보고 경험한 것만 가지고 모든 일을 판단하려고 한다. 하지만 조금만 시선*을 달리하면 그동안 보지 못했던 것을 볼 수 있고, 경험할 수 있다.

어떤 상황이 닥쳤을 때, 여러 각도로 바라볼 수 있어야 상황을 정확하게 알 수 있다. 만약 여러분이 그동안 들쥐처럼 땅속만 바라보고 살았다면, 이제 위도 바라보는 연습을 해 보자.

● ● ● 낱말 풀이
시선 : 눈이 가는 길 또는 눈의 방향

들쥐 이야기를 통해 우리는 어떤 상황이 닥쳤을 때, 여러 각도로 바라볼 수 있어야 상황을 정확하게 알 수 있다는 사실을 배웠다. 배운 내용을 잊지 말고, 일상생활에서도 그 내용을 적용해 보자.

● ● ● 낱말 풀이
질퍽하다 : 질퍼덕하다의 준말로, 진흙이나 반죽 등이 물기가 많아 부드럽게 질은 상태를 뜻함

1. 까치는 나뭇가지 위에서 무엇을 발견했을까? (모두 선택)

① 질퍽한* 흙탕길   ② 야들야들한 파란 잎

③ 아름다운 꽃봉오리   ④ 귀여운 들쥐

⑤ 찬란한 햇빛   ⑥ 신선한 공기

2. 들쥐는 땅속에서 무엇을 발견했을까? (모두 선택)

① 풀뿌리   ② 공기

③ 햇빛   ④ 꽃봉오리

⑤ 파란 나뭇잎   ⑥ 지렁이

3. 까치와 들쥐가 서로 다른 것을 보게 된 이유는 무엇일까?

① 까치와 들쥐의 시력이 달라서

② 까치와 들쥐의 성격이 달라서

③ 까치와 들쥐의 몸 크기가 달라서

④ 까치와 들쥐의 보는 시각이 달라서

4. 이 이야기를 읽고 어떤 점을 배울 수 있을까?

① 다른 사람을 무시하는 태도로 사실을 대해야 한다

② 정확한 시선으로 사실을 대해야 한다

③ 부정적인 생각으로 사실을 대해야 한다

④ 아무런 생각을 하지 않고 사실을 대해야 한다

정확하게 읽기

행복한 헬렌 켈러와 불행한 나폴레옹

헬렌 켈러는 태어난 지 1년 8개월 만에 뇌막염이라는 중병*으로 눈이 멀고, 귀가 들리지 않고, 말을 못하는 고통을 겪게 됐다. 부모님은 헬렌 켈러를 안고 병원이란 병원은 다 돌아다녔지만, 의사들의 대답은 하나같이 "어쩔 수 없다."였다.

어떤 방법도 찾지 못한 채 세월이 흘러 헬렌 켈러가 일곱 살이 되었을 때였다. 설리번 선생님이 헬렌 켈러의 가정교사로 왔다. 헬렌 켈러는 눈도 안 보이고, 귀도 안 들리고, 말도 못했기 때문에 몸집만 일곱 살일 뿐 갓난아이나 다름없었다.

설리번 선생님은 정성을 다해 헬렌 켈러를 가르쳤다. 들을 수 없는 헬렌 켈러를 위해 직접 만져서 느낄 수 있게 하고, 단어를 손바닥에 적어 가며 낱말을 가르쳤다.

"헬렌, 차갑지? 이건 물이란다. 물."

처음에는 헬렌 켈러가 낱말 하나를 익히는 데 한 시간이 넘게 걸렸지만, 시간이 갈수록 익힐 수 있는 낱말의 수가 늘어났다. 설리번 선생님도 포기하지 않았지만, 헬렌 켈러 또한 포기하지 않았다.

• • 낱말 풀이
중병 : 목숨이 위태로울 정도로 몹시 잃는 병

결국, 헬렌 켈러는 온갖 어려움과 장애를 극복하고 당당히 하버드 대학에 입학했다. 졸업한 후에는 전 세계를 돌아다니며 자신과 처지*가 비슷한 장애인들에게 희망의 메시지를 전달했으며, 장애인을 위한 학교를 세우기도 했다.

헬렌 켈러는 '생명은 아름다운 것'이라고 말했다 한다. 이해 비해 나폴레옹은 '살면서 하루도 즐거운 적이 없다.'고 했다.

누구든 보지도 못하고, 듣지도 못하고, 말도 못하는 헬렌 켈러보다 권력*과 돈을 모두 가진 나폴레옹이 백 배는 행복할 것이라고 생각할 것이다. 하지만 그 결과는 반대였다. 왜 나폴레옹은 권력과 돈을 모두 가졌음에도 불구하고 행복하지 못했을까?

헬렌 켈러의 상황은 누가 봐도 최악이었다. 하지만 헬렌 켈러는 긍정적인 생각으로 그 상황을 천국으로 만들었다. 반대로 나폴레옹의 상황은 누가 봐도 최고였다. 하지만 나폴레옹은 부정적인 생각으로 그 상황을 지옥으로 만들고 말았다.

똑같은 실패를 해도, 어떤 사람은 '괜찮아. 다시 하면 돼.'라고 생각하지만 어떤 사람은 '이제 어쩌면 좋아. 다 틀렸어.'라고 절망한다. 결국 상황을 천국으로 만드느냐, 지옥으로 만드느냐는 자신의 생각에 달려 있다.

● ● ● 낱말 풀이

처지 : 처하여 있는 사정이나 형편
권력 : 남을 복종시키거나 지배할 수 있는 공인된 권리와 힘

기억하며
풀기

어떤 상황이 닥쳤을 때, 그 상황을 천국으로 만드느냐 지옥으로 만드느냐는 여러분의 몫이다. 만약 그동안 부정적인 생각을 자주 했던 사람이라면, 앞으로 긍정적인 생각을 하도록 노력하자. 그것이 곧 여러분의 세상을 천국으로 만들어 주는 길이 될 것이다.

1. 다음 그림은 무엇을 그린 것일까?

2. 다음 그림은 무엇을 그린 것일까?

3. 다음 그림은 무엇을 그린 것일까?

4. 다음 그림은 무엇을 그린 것일까?

돛의 방향을 바꾼 꾀돌이의 지혜

옛날 어느 바다 마을에 재앙*이 닥쳤다. 고기를 잡으러 배를 타고 바다로 나간 사람마다 풍랑*을 만나 싸늘한 주검*이 되어 돌아왔기 때문이다. 그것을 본 마을 사람들은 어느 누구도 바다에 나가려고 하지 않았다. 하지만 바다 마을에서 끼니를 해결할 수 있는 방법은 바다에서 고기를 잡는 것뿐이었다.

서로 미루며 바다에 나가기를 꺼려하자, 꾀돌이가 나섰다.

"그럼, 이번에는 제가 다녀올게요."

꾀돌이는 마을 청년 중에 나이는 가장 어렸지만, 낙천적이고 적극적인 성격으로 그동안 마을에서 생긴 문제를 곧잘 해결해 왔다.

시간이 흘러, 꾀돌이가 바다에 나가기로 한 날이 왔다. 마을 사람들은 꾀돌이에게 몸조심할 것을 재차 당부했다.

"하하. 걱정 마세요. 그동안 못 잡은 고기 잔뜩 잡아 올게요."

꾀돌이가 배를 타고 바다의 중간쯤 왔을 때였다. 갑자기 물살이 거세지더니 맞은편으로부터 바람이 불기 시작했다. 정면으로 바람을 맞고 있자니 곧 배가 뒤집어질 것만 같았다. 돛을 잡고 잠시 고민하던 꾀돌이는 돛의 방향을 반대편으로 돌렸다. 그러자 배가 가는 방향과 바람의 방향이 같아지면서, 배는 바람을 따라 출렁출렁 움직이기 시작했다.

어느 정도 시간이 흐르자 바람도 물살도 잠잠해지기 시작했고, 꾀돌이는 잔잔한 바다에 그물을 던져 고기를 잡을 수 있었다.

고기를 잡아 마을로 돌아간 꾀돌이는 마을 사람들에게 풍랑을 견딜 수 있는 노하우를 알려 줬다. 그 후로 바다 마을에서 풍랑으로 죽는 사람은 더 이상 없었다고 한다.

우리는 바람의 방향을 바꿀 수 없다. 하지만 돛의 방향을 조절*할 수는 있다. 결국 우리 앞에 벌어지는 사건을 막을 수는 없지만, 그 사건을 해결하기 위해 자신의 생각을 조절할 수 있는 것이다. 이때 긍정적인 생각을 하는 사람은 꾀돌이처럼 문제를 적극적으로 해결하려고 하기 때문에 해결 방법도 금방 찾을 수 있다. 하지만 부정적으로 생각하는 사람은 늘 소극적*으로 대응하고 불평

● ● ● ● 낱말 풀이
재앙 : 뜻하지 않게 생긴 불행한 일
풍랑 : 바람과 물결을 아울러 이르는 말. 혼란과 시련을 비유적으로 이르는 말
주검 : 죽은 사람의 몸을 이르는 말
조절 : 균형이 맞게 바로잡음. 또는 적당하게 맞추어 나감
소극적 : 스스로 앞으로 나아가거나 상황을 개선하려는 기백이 부족하고 비활동적인 것

과 핑계만 대기 때문에 해결 방법을 찾기 어렵다.

만약 여러분이 해결해야 하는 문제가 발생했다면 긍정적으로 생각하자. 긍정적인 생각은 적극적으로 문제를 해결할 수 있는 힘을 준다.

풍랑을 만나도 긍정적인 생각을 가지고 적극적으로 대처하면, 풍랑 속을 헤쳐 나올 수 있다. 여러분은 앞으로 세상을 살면서 많은 풍랑을 만날 것이다. 그때마다 긍정적인 생각을 하려고 노력하자. 물론 당장 눈앞에 풍랑이 닥치면 좌절을 느낄 수도 있다. 하지만 긍정적인 사람은 좌절도 희망으로 바꿀 수 있는 힘을 갖고 있다. 그럼, 다음 문제를 풀어 보면서 긍정적인 생각은 어떤 것이고 부정적인 생각은 어떤 것인지 알아보자.

1. 다음은 긍정적인 생각일까, 부정적인 생각일까?

> 갈 길이 없어서 막막하다*

① 긍정적인 생각   ② 부정적인 생각

● ● ● **낱말 풀이**
막막하다 : 꽉 막힌 듯이 답답하다

2. 다음은 긍정적인 생각일까, 부정적인 생각일까?

> 길이 없어도, 우리는 길을 찾아낼 수 있다

① 긍정적인 생각   ② 부정적인 생각

3. 다음은 긍정적인 생각일까, 부정적인 생각일까?

> 레몬만 보면 떫고* 시큼한 맛밖에 생각나지 않는다

① 긍정적인 생각   ② 부정적인 생각

● ● ● **낱말 풀이**
떫다 : 설익은 감의 맛처럼 거세고 텁텁한 맛이 있다

4. 다음은 긍정적인 생각일까, 부정적인 생각일까?

> 레몬을 맛 좋은 레몬주스로 만들 수 있다

① 긍정적인 생각   ② 부정적인 생각

5. 다음은 긍정적인 생각일까, 부정적인 생각일까?

숙제를 잘하면 성적이 오를 수 있다

① 긍정적인 생각   ② 부정적인 생각

6. 다음은 긍정적인 생각일까, 부정적인 생각일까?

숙제를 아무리 잘해도 소용없다

① 긍정적인 생각   ② 부정적인 생각

7. 다음은 긍정적인 생각일까, 부정적인 생각일까?

정말 속상해. 물이 반 컵밖에 남지 않았어

① 긍정적인 생각   ② 부정적인 생각

8. 다음은 긍정적인 생각일까, 부정적인 생각일까?

와! 물이 아직 반 컵이나 남았네

① 긍정적인 생각   ② 부정적인 생각

9. 다음은 긍정적인 생각일까, 부정적인 생각일까?

수학 성적이 나쁜 걸 보니, 나는 머리가 나쁜 게 틀림없어

① 긍정적인 생각   ② 부정적인 생각

10. 다음은 긍정적인 생각일까, 부정적인 생각일까?

수학 성적이 나빠도, 열심히 노력하면 잘할 수 있다

① 긍정적인 생각   ② 부정적인 생각

11. 다음은 긍정적인 생각일까, 부정적인 생각일까?

> 장미꽃에는 가시가 돋아 있어서 만지기 불편하다

① 긍정적인 생각　　　　　② 부정적인 생각

12. 다음은 긍정적인 생각일까, 부정적인 생각일까?

> 장미꽃은 가시가 돋친 가지마다 아름다운 꽃을 피운다

① 긍정적인 생각　　　　　② 부정적인 생각

13. 다음은 긍정적인 생각일까, 부정적인 생각일까?

> 일에서 성취*하지 못한 사람은 믿으면 안 된다

① 긍정적인 생각　　　　　② 부정적인 생각

● ● ● 낱말 풀이
성취 : 목적한 바를 이룸

14. 다음은 긍정적인 생각일까, 부정적인 생각일까?

> 믿음이 있으면 무슨 일이든지 할 수 있다

① 긍정적인 생각　　　　　② 부정적인 생각

15. 다음은 긍정적인 생각일까, 부정적인 생각일까?

> 창밖을 보니 흙탕길*밖에 보이지 않는다

① 긍정적인 생각　　　　　② 부정적인 생각

● ● ● 낱말 풀이
흙탕길 : 흙탕물이 질펀하게 깔린 길

16. 다음은 긍정적인 생각일까, 부정적인 생각일까?

> 창밖을 보니 예쁜 별들이 보였다

① 긍정적인 생각　　　　　② 부정적인 생각

17. 다음은 긍정적인 생각일까, 부정적인 생각일까?

> 친구가 선물을 주었다. 아마 나한테 미안한 일을 했을 거야

① 긍정적인 생각   ② 부정적인 생각

18. 다음은 긍정적인 생각일까, 부정적인 생각일까?

> 친구가 선물을 주었다. 나랑 사귀는 것이 즐거워서 그럴 거야

① 긍정적인 생각   ② 부정적인 생각

● ● ● **낱말 풀이**
계획 : 앞으로 할 일의 절차, 방법,
규모 등을 미리 헤아려 작성함

19. 다음은 긍정적인 생각일까, 부정적인 생각일까?

> 계획*이 실패했으니 여기서 포기하자

① 긍정적인 생각   ② 부정적인 생각

20. 다음은 긍정적인 생각일까, 부정적인 생각일까?

> 계획이 실패했으니 그 원인을 찾아서 계획을 수정하자

① 긍정적인 생각   ② 부정적인 생각

21. 다음은 긍정적인 생각일까, 부정적인 생각일까?

> 나는 내 장점이 좋다

① 긍정적인 생각   ② 부정적인 생각

22. 다음은 긍정적인 생각일까, 부정적인 생각일까?

> 나는 내 단점이 싫다

① 긍정적인 생각   ② 부정적인 생각

① 긍정적인 생각은 큰 힘을 발휘한다.

② 부정적인 생각이 쌓이면 영원히 회복하지 못할 수도 있다.

③ 생각을 바꾸면 운명이 바뀐다.

④ 긍정적으로 생각하는 사람은 문제가 생겨도 해결 방법을 찾을 수 있다.

⑤ 부정적으로 생각하는 사람은 문제가 생기면 핑계만 댄다.

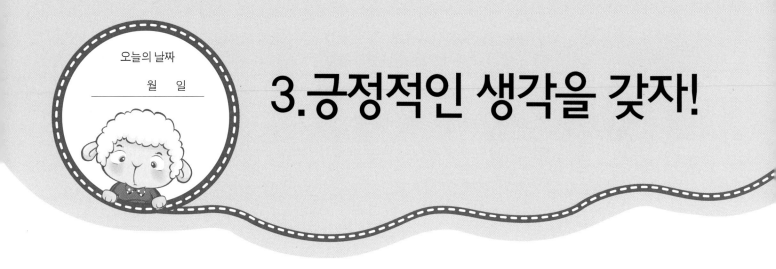

3.긍정적인 생각을 갖자!

긍정적인 생각은 위기를 극복하는 데도 큰 힘을 발휘한다고 한다. 위기가 닥쳐도 긍정적인 생각만 있으면 쉽게 좌절하지 않기 때문이다. 여기에서는 구체적으로 긍정적인 생각이 무엇인지 살펴보고 여러분이 그동안 긍정적으로 살아왔는지 부정적으로 살아왔는지 긍정지수를 통해 알아보자.

오늘의
배울거리

래리 킹의 긍정적인 토크쇼!

래리 킹은 세계에서 가장 큰 영향력이 있는 토크쇼, CNN '래리 킹 라이브'를 1985년부터 지금까지 진행하고 있다. 래리 킹이 '래리 킹 라이브'를 25년간 진행할 수 있었던 데는 긍정적인 마음이 크게 작용했다.

래리 킹은 긍정적인 마음이 사람과의 관계에도 큰 영향을 미친다고 굳게 믿었다. 늘 게스트의 긍정적인 면을 이끌어 내려고 노력했고, 상대방을 존중했다.

래리 킹의 긍정적인 생각과 태도는 토크쇼 분위기를 긍정적으로 만들었고, 게스트들은 그런 분위기에 편안함을 느꼈다.

언젠가 래리 킹은 이런 말을 했다.

"레스토랑에 갔는데, 탄 토스트*가 나왔다고 합시다. 이걸 처리하는 두 가지 방법이 있어요. '이봐, 토스타가 탔잖아!' 그럼 종업원은 갖고 들어가서 침을 뱉겠죠. 하지만 '바쁜데 미안해요. 토스트가 좀 많이 구워진 것 같은데요?'라고 하면 어떨까요? 누가 더 맛있게 구워진 토스트를 먹겠습니까? 맛있는 토스트를 먹는 것은 내가 어떻게 하느냐에 달려 있습니다. 긍정적인 태도는 긍정적인 태도가 돌아올 수 있도록 만들죠."

• ● ● ● 낱말 풀이

토스트 : 식빵을 얇게 썰어 양쪽을
살짝 구운 것

래리 킹은 TV뉴스 보도 부문 에미상을 받았으며, 국제 방송 협회로부터 '올해의 방송인 상'을 받기도 했다.

긍정적인 생각은 성공하기 위해 반드시 갖추어야 할 소질*이다. 래리 킹은 늘 긍정적인 마음으로 상대방을 대했기 때문에 세계에서 가장 큰 영향력이 있는 토크쇼를 25년 동안 진행할 수 있었다.

긍정적인 생각은 위기를 극복하는 데도 큰 힘을 발휘한다. 위기가 닥쳐도 쉽게 좌절*하지 않기 때문이다. 긍정적인 생각은 희망찬 미래를 꿈꾸게 하기 때문에 문제를 해결할 수 있는 방법을 적극적으로 찾을 수 있는 힘을 준다.

● ● ● **낱말 풀이**
소질 : 본디부터 가지고 있는 성질 또는 타고난 능력이나 기질
좌절 : 마음이나 기운이 꺾임

정확하게
읽기

희망찬 미래를 꿈꾼 순둥이

옛날 어느 마을에 지독한 가뭄이 들었다. 계곡의 물은 다 말라 버렸고, 우물물도 말라 가기 시작했다. 사태*가 심각해지자, 마을 사람들은 기나긴 회의 끝에 우물에 남아 있는 물을 나눠 갖기로 결정했다.

가뭄이 언제 끝날지 몰랐기 때문에 사람들은 물을 아끼느라 여념이 없었다. 호동이도 예외는 아니었다. 목이 심하게 마를 때 외에는 물을 쓰지 않으려 했다.

모두 물을 아끼다 보니, 싸움도 곧잘 생겼다. '내 물을 뺏어 가려는 거 아냐?'라며 서로 의심했기 때문이다. 그러던 어느 날, 호동이는 옆집 순둥이가 텃밭*에 물을 주는 것을 보고 깜짝 놀랐다.

"순둥아! 지금 마실 물도 없는 판국*에 아까운 물을 거기에 쏟아 부으면 어떻게 해!"

그러자 순둥이가 대답했다.

"아깝긴, 이제 곧 비가 내리지 않을까? 이것들도 다 살아 있는 생명인데, 함께 살아야지."

순둥이의 대답이 어처구니가 없다고 생각한 호동이는 순둥이에게 엄포*를 놓았다.

"너 그래 놓고 나중에 후회하지 마라. 난 내 물을 나눠 줄 생각은 손톱만큼도 없으니까."

● ● ● **낱말 풀이**
사태 : 일이 되어 가는 형편이나 상황. 또는 벌어진 일의 상태
텃밭 : 집터에 딸리거나 집 가까이 있는 밭
판국 : 일이 벌어진 사태의 형편이나 국면
엄포 : 실속 없이 호령이나 위협으로 으르는 짓

그 후로 며칠이 지났다. 마을에 기다리고 기다리던 단비가 내리기 시작했다.

"이제 살았다! 우리 모두 살았어!"

마을 사람들은 환호성을 지르며 서로 얼싸안았다. 하지만 문제는 그 다음이었다. 가뭄 때 물을 주지 않은 곡물, 식물이 모두 말라 죽은 것이었다. 단비가 내렸지만, 오랫동안 물을 주지 않아서 곡물, 식물은 살아날 기미가 보이지 않았다. 반면에 순동이네 텃밭의 곡물, 식물은 싱싱했다. 다른 사람들이 자기만 살겠다고 물을 아끼는 동안 긍정적인 마음으로 비를 기다리며 텃밭에 물을 준 순동이었다. 이제 순동이를 제외한 마을 사람들은 모두 '무엇을 먹고 살아야 하나.'라는 고민을 해야 했다.

부정적인 사람은 물이 절반 담긴 컵을 보고 '물이 절반밖에 안 남았잖아!'라고 투덜대지만, 긍정적인 사람은 '물이 절반이나 남았네?'라고 생각한다. 이야기 속의 순동이처럼 말이다.

지독한 가뭄이 들어 마실 물이 부족한 상황이었지만, 순동이는 '곧 비가 올 것'이라는 희망을 갖고 있었다. 그렇기 때문에 다른 사람들이 물에 집착*할 동안 순동이는 '함께 살아가는' 희망찬 미래를 볼 수 있었다.

대부분의 사람들은 자신에게 돌아오는 이익이나 유리한 면을 발견했을 때, 비로소 긍정적인 생각을 갖는다. 하지만 우리는 언제나 긍정적인 생각을 갖고 상황을 대해야 한다.

긍정적인 생각은 혹독한 상황에서도 희망을 볼 수 있도록 도와주기 때문에 긍정적으로 생각하는 사람은 어떤 일을 하든지 희망이 넘치고, 좌절 앞에서도 쉽게 포기하지 않는다. 또한 어려운 일을 만나도 그것을 외면*하지 않고 극복하려고 노력한다.

● ● ● ● **낱말 풀이**
집착 : 어떤 것에 늘 마음이 쏠려 잊지 못하고 매달림
외면 : 마주치기를 꺼리어 피하거나 얼굴을 돌림

기억하며 풀기

절반 남은 컵을 보고 '절반밖에 안 남았다.'고 생각하는 사람도 있고, '절반이나 남았네.'라고 생각하는 사람도 있다.

어떤 생각을 하든 생각은 여러분의 몫이다. 하지만 앞에서 말했듯이, 긍정적으로 생각하면 위기의 상황에서도 희망을 발견할 수 있으며 그 상황을 극복할 수 있다.

1. 긍정적인 생각은 우리들에게 무엇을 가져다줄까? (모두 선택)

① 꿈을 실현할 수 있는 희망을 볼 수 있게 한다

② 문제를 해결할 수 있는 방법을 찾게 한다

③ 위기 속에서 기회를 발견할 수 있게 한다

④ 책임을 회피*한다

⑤ 실패에 대한 핑계를 찾는다

⑥ 희망찬 미래를 꿈꾸게 한다

● ● ● 낱말 풀이

회피 : 꾀를 부려 마땅히 져야 할 책임을 지지 않음

2. 우리는 긍정적인 태도를 어떻게 응용*해야 할까?

① 사물의 유익한 점을 보고 난 후, 긍정적인 태도를 취한다

② 사물의 해로운 점을 보고 난 후, 긍정적인 태도를 취한다

③ 먼저 부정적인 태도로 사물의 단점을 찾아낸다

④ 먼저 긍정적인 태도로 사물의 유익*한 점을 찾아낸다

● ● ● 낱말 풀이

응용 : 어떤 이론이나 이미 얻은 지식을 구체적인 개개의 사례나 다른 분야의 일에 적용하여 이용함

유익 : 이롭거나 도움이 될 만한 것이 있음

3. 어떻게 해야 긍정적으로 생각하는 균형 잡힌 사람이 될 수 있을까?

① 사물의 긍정적인 면도 보지 않고, 부정적인 면도 보지 않는다

② 사물의 긍정적인 면은 보지 않지만, 부정적인 면은 봐야 한다

③ 사물의 긍정적인 면도 보고, 부정적인 면도 봐야 한다

④ 사물의 긍정적인 면만 보고, 부정적인 면은 보지 않는다

4. 다음 중 긍정적으로 생각하는 사람의 심리나 태도를 찾아보자. (모두 선택)

① 우리에게 기회는 있다

② 역경*은 자신을 단련할 수 있는 기회다

③ 인생은 희망으로 가득하다

④ 장애물을 뛰어넘으면 성공할 수 있다

⑤ 새로운 하루, 새로운 희망이 늘 나를 기다린다

⑥ 자기의 결점*을 반성한다

⑦ 끊임없이 노력한다

⑧ 역경에 도전한다

⑨ 나한테 맞는 곳은 하나도 없다

⑩ 늘 탄식*만 한다

●○○ **낱말 풀이**

역경 : 일이 순조롭지 않아 매우 어렵게 된 처지나 환경

결점 : 잘못되거나 부족하여 완전하지 못한 점

탄식 : 한탄하여 한숨을 쉼. 또는 그 한숨

정확하게
읽기

낙관적인 에디슨

1941년, 발명가 에디슨이 67세가 되던 해였다. 에디슨의 실험실에 불이 났다. 모든 실험 기구와 에디슨이 일생 동안 연구해 온 실험 기록이 모두 불에 타 잿더미가 되고 말았다. 불이 난 것을 발견한 에디슨의 아들은 마치 미친 사람처럼 여기저기 뛰어다니며 에디슨을 찾았다. 아들이 마침내 에디슨을 찾았을 때, 에디슨은 태연*하게 타오르는 불길을 바라보고 있었다.

"아버지, 어떡하면 좋아요. 실험실이 불타 버렸어요. 그동안 연구한 게 헛수고가 돼 버렸다고요!"

그러자 에디슨은 큰 소리로 아들에게 말했다.

"빨리 어머니를 데려오너라. 평생을 살아도 이렇게 웅장한* 풍경을 볼 수 없을 거야."

화재가 일어난 이튿날 아침, 에디슨은 초췌해진* 아내와 아들을 품에 안아 주면서 이렇게 말했다.

"하나님! 감사합니다. 저희들의 잘못된 모든 실험 기록이 깨끗하게 타 버렸습니다. 드디어 저희들이 새로운 발명품을 창조할 수 있게 되었습니다."

●○○ **낱말 풀이**

태연 : 마땅히 머뭇거리거나 두려워할 상황에서 태도나 기색이 아무렇지도 않은 듯이 예사로움

웅장하다 : 규모 등이 거대하고 성대하다

초췌하다 : 병, 근심, 고생 등으로 얼굴이나 몸이 여위고 파리하다

만약 여러분이 에디슨의 입장이었다면 어땠을까? 일생 동안 연구한 실험 기록이 불탔다면, 에디슨처럼 태연하게 불구경을 할 수 있었을까?

에디슨은 긍정적인 사람이었다. 그렇기 때문에 자신의 실험 기록이 불타 버리는 절망 속에서도 희망을 발견할 수 있었다.

부정적인 사람은 기회 속에서 문제점만 보지만, 긍정적인 사람은 문제점 속에서 기회를 본다. 잊지 말자. 긍정적인 사람은 위기 속에서도 극복할 수 있는 희망을 발견해 낼 수 있다.

기억하며 풀기

에디슨은 일생 동안의 실험 기록이 다 불타 버렸는데도, 새로운 발명품을 창조할 수 있게 되었다며 하나님께 감사해 했다. 이처럼 긍정적인 사람은 위기 속에서도 기회를 발견한다. 여러분도 긍정적인 마음을 계속 갖다 보면, 언젠가 위기가 닥쳐도 절망하지 않고 극복할 수 있다.

1. 에디슨의 실험실에 불이 나면서, 어떤 것들이 불에 타 버렸을까? (모두 선택)

① 일생 동안 연구한 실험 기록

② 일생 동안 쌓인 아름다운 추억

③ 최근에 한 새로운 발명품

④ 에디슨이 그동안 모은 책

⑤ 모든 실험 기구

⑥ 에디슨의 일기

2. 에디슨은 아들에게 어떻게 하라고 말했나?

① 딸을 불러 불을 보게 하라고

② 어머니를 불러 불을 보게 하라고

③ 가족들을 불러 불을 보게 하라고

④ 친구를 불러 불을 보게 하라고

3. 실험실에 불이 난 해, 에디슨은 몇 살이었나?

    ① 57세   ② 67세

    ③ 77세   ④ 87세

4. 불에 대하여 에디슨은 어떻게 해석하였을까? (모두 선택)

    ① 웅장한 화재를 감상할 수 있게 해 주었다

    ② 잘못된 모든 기록을 태워 버렸다

    ③ 새로운 발명을 할 수 있게 되었다

    ④ 하나님이 계획하신 일에 감사드린다

    ⑤ 그동안의 실험 기록을 수정할 수 있게 되었다

5. 에디슨의 이야기에서 무엇을 깨달을 수 있을까? (모두 선택)

    ① 화재는 즐겁게 감상해야 한다

    ② 새롭게 실험실을 지어야 한다

    ③ 긍정적인 생각으로 역경을 대해야 한다

    ④ 사건의 긍정적인 면을 생각해야 한다

    ⑤ 화재 발생을 예방해야 한다

    ⑥ 좌절과 실패를 너그럽게 대해야 한다

실천해 보기

여러분의 긍정 지수는 몇 점일까?

어떤 사람이든 긍정적인 생각과 부정적인 생각을 동시에 갖고 있다. 하지만 긍정적인 생각을 많이 하는 사람일수록 긍정적인 에너지가 넘쳐 나기 때문에, 갖고 있던 부정적인 생각까지 긍정적인 에너지로 바꿀 수 있다.

여러분은 긍정적인 생각을 많이 하는 사람일까, 부정적인 생각을 많이 하는 사람일까? 단순히 느낌만으로는 판단하기 매우 어렵다. 다음 문제를 풀어 보면서 여러분의 긍정 지수는 몇 점인지 알아보자.

다음에 나오는 여러 가지 상황 중 겪어 보지 못한 일이 있을 경우에는 자신의 느낌을 가장 잘 나타낸 것을 선택하자. 주의할 것은 옳고 그름이 없는 문제이기 때문에 답을 구하려고 하지 말고, 여러분의 느낌을 따라야 한다는 것이다. 그럼 첫 번째 문제부터 풀어 보자.

1. 다음 문장을 읽고, 어떤 느낌이 드는지 골라 보자.

어머니께서 새 옷을 사 주셨다

① 이번 시험 점수가 잘 나왔기 때문에 나에게 옷을 사 주신 것이다

② 어머니는 내가 늘 행복하길 바라신다

2. 다음 문장을 읽고, 어떤 느낌이 드는지 골라 보자.

내 영어 성적은 100점이다

① 내 영어 성적은 늘 매우 좋았다

② 내 공부 성적은 늘 매우 좋았다

3. 다음 문장을 읽고, 어떤 느낌이 드는지 골라 보자.

친구가 나를 예의*바르다고 칭찬했다

① 친구는 그날 기분이 좋았기 때문에 나를 칭찬한 것이다

② 친구는 늘 이렇게 나를 칭찬한다

● ● ● **낱말 풀이**

예의 : 사람이 지켜야 할 예절과 의리

4. 다음 문장을 읽고, 어떤 느낌이 드는지 골라 보자.

도둑이 들었는데, 내 것만 훔쳐가지 않았다

① 그날따라 운이 좋았을 뿐이다

② 늘 조심한 덕분이다

5. 다음 문장을 읽고, 어떤 느낌이 드는지 골라 보자.

옆집에 사는 이웃이 장난감을 선물했다

① 그날 이웃의 기분이 매우 좋았다

② 나는 늘 이웃과 사이좋게 지내 왔다

6. 다음 문장을 읽고, 어떤 느낌이 드는지 골라 보자.

> 선생님이 내 발표를 칭찬했다

① 발표 주제*가 선생님의 마음에 들었기 때문이다

② 나는 발표를 잘한다

● ● ● **낱말 풀이**

주제 : 대화나 연구 등에서 중심이
되는 문제

7. 다음 문장을 읽고, 어떤 느낌이 드는지 골라 보자.

> 나는 길을 건너다가 하마터면 차에 부딪힐 뻔했다

① 나는 정말 덜렁거린다

② 나는 가끔 덜렁거린다

8. 다음 문장을 읽고, 어떤 느낌이 드는지 골라 보자.

> 우리 축구팀이 시합에서 졌다

① 우리 팀원들은 협동심*이 없다

② 그날 우리 팀원들은 능력을 잘 발휘하지 못했다

● ● ● **낱말 풀이**

협동심 : 서로 마음과 힘을 하나로
합하려는 마음

9. 다음 문상을 읽고, 어떤 느낌이 드는지 골라 보자.

> 누군가 내 지갑을 훔쳐갔다

① 사람들은 너무 욕심이 많다

② 그 도둑은 정말 욕심이 많다

10. 다음 문장을 읽고, 어떤 느낌이 드는지 골라 보자.

> 한 남학생이 나를 늘 괴롭힌다

① 남학생들은 늘 다른 사람을 괴롭힌다

② 그 남학생만 다른 사람을 괴롭히는 것이다

11. 다음 문장을 읽고, 어떤 느낌이 드는지 골라 보자.

내가 준비한 음식을 가족들은 좋아하지 않았다

① 나는 요리를 할 줄 모른다

② 이번에 준비한 음식만 가족들이 좋아하지 않을 뿐이다

12. 다음 문장을 읽고, 어떤 느낌이 드는지 골라 보자.

마당에 있던 나무가 최근에 죽었다

① 나는 그 나무를 잘 보살피지 못했다

② 날씨가 갑자기 추워져 그 나무가 죽었다

문제를 다 풀었다면, 이제 점수를 매겨 보자. 각 문제별로 ①을 선택했으면 0점, ②를 선택했으면 1점으로 계산해 합하면 된다.

점수 | 0~4 부정적   5~8 보통   9~12 긍정적

실천해
보기

긍정적인 생각 선택하기

앞에서 긍정 지수가 낮게 나온 사람이라도 너무 걱정하지 말자. 긍정적인 생각은 자신의 마음 먹기에 달려 있기 때문에 충분히 변화할 수 있다.

다음은 어떤 상황이 닥쳤을 때 머릿속에 드는 여러 가지 생각 중에 긍정적인 생각이 어떤 것인지 고르는 문제이다. 답을 고르는 것에 그치지 말고, 여러분도 똑같은 상황에 처했을 때 긍정적인 생각을 해야겠다는 다짐을 하자.

1. 다음 중 긍정적인 생각은 어떤 것인지 골라 보자.

내 강아지가 없어졌다

① 누군가가 훔쳐갔을 것이다

② 강아지가 나와 함께 살기 싫었을 것이다

③ 집 근처를 찾아보면 찾을 수 있을 것이다

④ 강아지가 스스로 집에 돌아오지 않는 이상 찾을 수 없다

2. 다음 중 긍정적인 생각은 어떤 것인지 골라 보자.

> 내일 농구 시합이 있는데 감기에 걸렸다

① 그동안 고생스럽게 한 연습이 모두 헛수고*가 됐다

② 푹 쉬고 나면, 내일 시합에 참가할 수 있을 것이다

③ 하나님, 왜 이렇게 나를 괴롭히나요?

④ 내 자리는 다른 사람이 대신할 것이다

• • • **낱말 풀이**

헛수고 : 아무 보람도 없이 애를 씀

3. 다음 중 긍정적인 생각은 어떤 것인지 골라 보자.

> 대학에 합격하지 못했다

① 대학에 합격하지 못했으니 취직*이나 해야겠다

② 진작부터 시험 준비를 하지 않은 것이 너무 후회스럽다

③ 나는 원래 공부할 수 있는 사람이 아니다

④ 대학에 합격하지 못했어도, 내가 좋아하는 것을 하면 성공할 수 있다.

• • • **낱말 풀이**

취직 : 일정한 직업을 잡아 직장에 나감

4. 다음 중 긍정적인 생각은 어떤 것인지 골라 보자.

> 내가 보려던 콘서트 티켓이 벌써 매진*됐다

① 친구와 함께 다른 재미있는 콘서트를 찾아야겠다

② 티켓을 예매*하지 않은 것이 너무 후회스럽다

③ 콘서트를 볼 기회를 놓치다니, 재수가 없는 게 틀림없다

④ 콘서트 기획사에 호소해야겠다

• • • **낱말 풀이**

매진 : 하나도 안 남고 모두 팔림

예매 : 물건을 받기 전에 미리 값을 치르고 사 둠

5. 다음 중 긍정적인 생각은 어떤 것인지 골라 보자.

다음 주에 보는 시험 내용이 너무 어렵다

① 선생님은 우리를 싫어한다

② 친구와 함께 공부하면서, 모르는 부분을 물어봐야겠다

③ 컴퓨터 게임을 하면 마음이 가뿐해진다

④ 나는 전학 갈 거니까 공부하지 않아도 된다

머릿속에
넣기

① 긍정적인 생각은 위기 속에서도 희망을 발견하게 한다.

② 긍정적인 사람은 좌절 앞에서 쉽게 포기하지 않는다.

③ 긍정적인 사람은 물이 절반 담긴 컵을 보고 '물이 절반이나 남았네.'
라고 생각한다.

4.부정적인 생각이란 무엇일까?

그동안 긍정적인 생각의 중요성에 대해서 강조했다. 그렇다면 부정적인 생각은 과연 무엇일까? 여기에서는 부정적인 생각에 대해 알아보자. 부정적인 생각이 무엇인지 그리고 어떤 특징을 갖고 있는지 살펴보고 부정적인 생각과 긍정적인 생각 중에 우리는 어떤 생각을 선택해야 하는지 고민해 보자.

오늘의 배울거리

점점 커지는 사과

옛날에 세상에서 가장 힘이 센 헤라클레스가 살았다. 헤라클레스는 늘 자신의 힘을 과시*했다. 이런 헤라클레스의 행동이 마음에 들지 않은 사람들도 있었지만, 힘이 센 헤라클레스가 두려워서 아무런 말도 하지 못했다.

그러던 어느 날, 헤라클레스는 친구들에게 말했다.

"나는 힘이 세니까 너희가 사냥한 것을 모두 합친 것보다 훨씬 많은 동물을 잡을 수 있어."

그러자 친구들 중 한 명이 대답했다.

"아무리 네가 힘이 세도 우리들 것을 모두 합친 것보다 많이 잡을 수는 없을 거야!"

친구의 대답에 헤라클레스는 화를 내며 소리쳤다.

"흥, 네까짓 것을 내가 못 이긴다고? 한번 해보자고."

이렇게 하여 헤라클레스와 친구들은 사냥 내기를 하게 되었다.

그날따라 동물이 잡히지 않아 씩씩대며 산길을 걷던 헤라클레스는 벼랑*에 있는 아주 좁은 길을 만났다. 지나가다 발에 밟히는 것이 있어 보니 조그마한 사

낱말 풀이

과시 : 자랑하여 보이거나 사실보다 크게 나타내어 보임

벼랑 : 낭떠러지의 험하고 가파른 언덕

과였다.

"안 그래도 일이 잘 안 풀리는데, 별것도 아닌 게 짜증나게 하네."

불쾌한 생각이 든 헤라클레스는 사과를 발로 툭 차 버렸다. 그랬더니 사과가
수박처럼 커다랗게 부풀었다. 화가 난 헤라클레스는 다시 발로 걷어찼다. 이
제 사과는 바위만큼 커져 버렸다.

헤라클레스는 잔뜩 흥분해서 들고 있는 쇠몽둥이로 사과를 힘껏 내리쳤다. 그
러자 사과는 집채*만큼 커져서 좁은 길을 완전히 막아 버렸다.

부정적인 생각은 자신이 무엇을 해도 아무 소용없다고 느끼게 만든다. 앞의
헤라클레스 이야기가 바로 그런 경우이다. 헤라클레스는 동물이 잘 안 잡힌다
는 생각 때문에 발에 밟힌 작은 사과까지도 부정적으로 생각하게 됐다. 즉 '되
는 일도 없는데 이것까지 말썽이네?'라고 생각하는 것이다.

사실, 헤라클레스 앞에 놓인 사과는 헤라클레스의 감정과 깊은 관계가 있다.
동물이 잘 안 잡힌다는 생각에 화가 나 있던 감정이 처음엔 사과만큼의 크기
였지만, 감정이 고조*되면서 수박, 바위, 집만큼 커진 것이다.

이처럼 부정적인 생각을 하면 할수록 그 크기가 커져서 나중에는 돌이킬 수
없는 상황에 다다르게 될 수도 있다.

불에 타 버린 돌쇠네 집

옛날 어느 마을에 돌쇠가 살았다. 돌쇠는 늘 포기가 빨랐다. '에이, 어차피 잘
안될 텐데 뭐!'라는 생각을 항상 했기 때문이다.

그러던 어느 날, 어머니는 돌쇠를 불렀다.

"돌쇠야, 저기 시장에 가서 두부 한 모* 사오너라."

어머니가 주신 돈을 들고 시장에 가는 길에 돌쇠는 큰 웅덩이를 만났다.

'에이, 이 큰 웅덩이를 어떻게 건너?'라고 생각한 돌쇠는 그냥 집으로 돌아갔
다. 두부를 사 오지 않고 그냥 돌아온 돌쇠를 본 어머니는 기막혀 하며 말했다.

"널 시킨 것이 잘못이지. 내가 다녀올 터이니 아궁이의 불이나 잘 보고 있어라."

어머니가 시킨 대로 한참 아궁이의 불을 보고 있던 돌쇠는 깜빡 잠이 들고 말

았다. 얼마나 지났을까. 뜨거운 열기에 눈을 뜬 돌쇠는 자신의 눈앞에 벌어진 일에 깜짝 놀랐다. 아궁이의 불이 벽에 옮겨붙어 활활 타고 있었다.

어떻게 해야 좋을지 잠시 고민하던 돌쇠는 '에이, 이 불을 어떻게 꺼?'라고 생각하고는 마당으로 뛰쳐나와 버렸다.

벽에 옮겨붙은 불은 지붕까지 옮겨 가, 결국 집 전체가 활활 불에 타 버렸다.

돌쇠는 너무 지나치게 부정적으로 생각했다. 사실, 웅덩이를 건널 수 있는 방법은 노력하면 찾을 수 있다. 하지만 돌쇠는 방법을 찾기도 전에 '어차피 못 건널 것'이라며 포기했다. 불이 벽에 옮겨붙었을 때도 방법을 찾기도 전에 '어차피 못 끌 거야.'라며 포기했다.

이처럼 지나치게 부정적인 생각은 어떤 일이 닥쳤을 때, 적극적으로 대처할 수 없게 만든다. 즉 '겁쟁이'로 만들어 버리는 것이다.

물론, 부정적인 생각이 무조건 나쁜 것은 아니다. 적절한 수준의 부정적인 생각은 도움을 주기도 한다. 어떤 일이 닥쳤을 때, 잘못된 점이 무엇이고 어떤 방법이 통하지 않는지 찾아낼 수 있도록 돕기 때문이다. 예를 들어, 집 전체가 활활 불타고 있을 경우 '지금 집 전체가 활활 불타고 있으니까, 내가 불을 끄기 위해 집 안으로 들어가는 것은 위험한 행동이야.'라고 생각함으로써, 위험에서 벗어날 수 있게 한다. 그뿐만 아니라 장애, 약점을 찾아내며 경계심*을 갖게 한다.

단, 앞의 돌쇠 이야기와 같이 지나치게 부정적인 생각은 돌이킬 수 없는 상황을 만들 수 있기 때문에 우리는 부정적인 생각에 치우치지 말아야 한다. 그리고 '지혜'를 통해 긍정적인 생각과 부정적인 생각이 균형을 이룰 수 있도록 노력해야 한다.

● ● ● ● **낱말 풀이**
경계심 : 경계하여 조심하는 마음

몸에 좋은 약도 너무 지나치면 독이 된다고 했다. 부정적인 생각도 너무 지나치면 문제가 되지만, 적절한 수준의 부정적인 생각은 도움을 주기도 한다. 부정적인 생각을 통해 도움을 받을 수 있는 부분은 받도록 하되, 너무 지나치게 부정적으로 생각하지 않도록 하자. 그리고 늘 긍정적인 생각과 부정적인 생각이 균형을 이룰 수 있도록 노력하자.

1. 부정적인 사람은 어떤 태도를 갖기 쉬울까?

① 자신감이 넘친다   ② 늘 행복하다고 생각한다

③ 계획대로 행동한다   ④ 쉽게 포기한다

2. 앞의 문제에서 부정적인 사람이 그러한 태도를 갖는 이유는 무엇일까?

① 어떤 일을 하든 소용없다고 생각하므로

② 어떤 일을 할 때, 약간의 효과를 얻을 수 있으므로

③ 어떤 일을 해도 효과를 얻으므로

④ 어떤 일을 해도 즐거우므로

3. 적절한 수준의 부정적인 생각은 어떤 도움을 줄까?

① 잘못된 점이 무엇이고 어떤 방법이 통하지 않는지 찾아낸다

② 잘못된 점이 무엇이고 어떤 방법이 통하는지 찾아낸다

③ 잘된 점이 무엇이고 어떤 방법이 통하는지 찾아낸다

④ 잘된 점이 무엇이고 어떤 방법이 통하지 않는지 찾아낸다

4. 적절한 수준의 부정적인 생각은 우리에게 어떤 도움을 줄까? (모두 선택)

① 경계심을 갖게 한다   ② 결과를 찾아낸다

③ 장애를 찾아낸다   ④ 이유와 근거를 찾아낸다

⑤ 위험에서 벗어날 수 있도록 돕는다   ⑥ 원인을 찾아낸다

⑦ 단서를 찾아낸다   ⑧ 약점을 찾아낸다

5. 지나치게 부정적으로 생각한 사람들은 무엇이 되기 쉬울까?

　　① 지혜로운 사람　　　　　② 겁쟁이

　　③ 군인　　　　　　　　　④ 신

6. 우리는 무엇을 통해 긍정적인 생각과 부정적인 생각의 균형을 맞출 수 있을까?

　　① 경험　　　　　　　　　② 지혜

　　③ 능력　　　　　　　　　④ 학식*

● ● ● ● **낱말 풀이**
학식 : 학문을 쌓음

7. 지나치게 부정적으로 생각하는 사람의 심리는 어떨까? (모두 선택)

　　① 나는 통제*할 수 없다　　② 나는 실망이 두렵다

　　③ 나는 실패가 두렵다　　　④ 나는 변화할 수 없다

　　⑤ 나는 의욕이 없다　　　　⑥ 나는 완전히 실패하였다

　　⑦ 나는 항상 틀린다　　　　⑧ 나는 소심하다*

　　⑨ 나는 능력이 없다

● ● ● ● **낱말 풀이**
통제 : 일정한 방향이나 목적에 따라 행위를 제한하거나 제약함
소심하다 : 대담하지 못하고 조심성이 지나치게 많다

정확하게
읽기

비행기에서 떨어진 스턴트맨

1960년대 미국에 '크랜더'라는 스턴트맨*이 있었다. 그는 주로 날고 있는 비행기의 날개 위에서 춤을 추거나, 훌라후프를 하는 묘기를 선보였다. 사람들은 혹여나 크랜더가 비행기에서 떨어지지는 않을까 조마조마해 하며 그의 묘기를 지켜봐야 했다. 그가 묘기를 부리는 동안 비행기에서 떨어질 것 같은 행동을 취하기도 했기 때문이다.

하지만 사실 크랜더는 몇 년 동안 재주를 갈고닦았기 때문에, 묘기를 부리는 동안 하는 모든 행동은 연습에서 비롯된 것이었다. 어느 날 크랜더는 친구에게 말했다.

"하하, 사람들은 내가 정말 떨어지는 줄 알고 벌벌 떤다니까. 이러다 정말 내가 떨어지기라도 하면 어떻게 될까? 완전 끔찍하겠지?"

● ● ● ● **낱말 풀이**
스턴트맨 : 영화나 텔레비전 드라마에서 위험한 장면을 찍을 때 배우를 대신하여 연기하는 사람

말을 하는 크랜더의 머릿속에는 비행기 날개에서 떨어지는 자신의 모습이 떠올랐다.

그 후 몇 달이 지났다. 그날도 어김없이 크랜더는 비행기 날개 위에서 춤을 추고, 훌라후프를 하고 있었다. 이제 남은 건 떨어질 듯 말 듯한 행동으로 사람들의 마음을 졸이게 하는 것이었다.

그런데 이게 웬일일까. 떨어질 듯한 행동을 하는 순간, 실제로 발을 헛디뎌 크랜더는 비행기 날개에서 떨어지고 말았고, 결국 사망*했다.

크랜더는 비행기 날개에서 떨어지는 부정적인 생각을 머릿속에 떠올렸다. 그리고 몇 달이 지난 후, 머릿속에 떠올린 생각이 현실이 되고 말았다. 실제로 비행기 날개에서 떨어지고 만 것이다.

이처럼 부정적인 생각은 부정적인 결과를 낳고, 영원히 되돌릴 수 없는 상황이 벌어지기도 한다. 우리가 만약 성공하기를 바라고 행복하기를 바란다면, 부정적인 생각을 하지 않도록 노력해야 한다.

낱말 풀이
사망 : 사람이 죽음

기억하며
풀기

우리는 부정적인 생각이 부정적인 결과를 낳는다는 사실을 알았다. 부정적인 결과를 바라지 않는다면, 가급적 부정적인 생각을 하지 않도록 노력하자. 그리고 긍정적인 생각을 머릿속에 자주 떠올리자.

1. 크랜더는 어떤 부정적인 생각을 한 것일까?

　　① 다른 사람이 발을 헛디뎌 비행기 날개에서 떨어진다

　　② 자신이 발을 헛디뎌 비행기 몸체*에서 떨어진다

　　③ 자신이 발을 헛디뎌 비행기 날개에서 떨어진다

　　④ 다른 사람이 발을 헛디뎌 비행기 몸체에서 떨어진다

낱말 풀이
몸체 : 물체의 몸이 되는 부분

2. 크랜더가 머릿속에 떠올린 장면은 무엇이 만들어 낸 것일까?

　　① 불길한 징조*　　　　② 아무 근거 없는 상상

　　③ 경험을 통한 추측　　④ 미래를 보는 능력

낱말 풀이
징조 : 어떤 일이 생길 기미

3. 머릿속에 떠올린 장면은 크랜더에게 무엇을 가져다줄까?

① 환상　　　　　　　　　　② 공포와 걱정

③ 깨우침과 충고　　　　　　④ 홀가분하고 편안한 마음

4. 크랜더는 마지막에 어떻게 되었을까?

① 상상이 현실이 되었다　　　② 멋있는 묘기를 부렸다

③ 유명한 스턴트맨이 되었다　④ 친구의 죽음을 슬퍼했다

5. 크랜더 이야기를 통해 무엇을 배울 수 있을까?

① 부정적인 생각은 사람의 외모를 바꾸게 한다

② 부정적인 생각은 영원히 되돌릴 수 없는 결과를 낳기도 한다

③ 부정적인 생각은 비행기 날개에서 떨어지게 만든다

④ 부정적인 생각은 '할 수 있다'는 자신감을 가져온다

정확하게
읽기

발표를 하다 울어 버린 부정이

초등학교 6학년인 부정이네 반은 일주일에 한 명씩 돌아가며 '일주일 동안 배운 점'에 대해 발표를 한다. 그러던 어느 날, 부정이가 발표할 차례가 일주일 앞으로 다가왔다.

사실 부정이는 평소에 쑥스러움을 많이 타서 남 앞에 서는 것을 싫어한다. 남 앞에만 서면 이상하게 가슴이 떨리고, 숨 쉬는 게 괴로워졌기 때문이다.

발표 날이 다가올수록 부정이는 발표를 해야 한다는 두려움 때문에 밤에 잠도 못 자고 걱정을 했다.

'분명히 난 발표를 잘 못할 거야. 늘 못했잖아. 발표하다가 울어 버릴지도 몰라. 어쩌면 좋지?'

하지만 이런 생각은 부정이에게 어떤 해결책[*]도 가져다주지 않았다.

드디어 부정이가 발표하는 날이 왔다. 떨리는 마음으로 부정이는 교실 앞으로 나갔다.

● ● ● **낱말 풀이**

해결책 : 어떠한 일이나 문제 등을
해결하기 위한 방책

"제가 일주일 동안 배운 점은⋯."

부정이는 자신을 바라보는 아이들의 얼굴을 보자, 순간 머릿속이 하얗게 되면서 다음에 해야 할 말이 무엇인지 생각나지 않았다.

"그러니까⋯. 제가 할 말은⋯."

말을 더듬거리던 부정이는 결국 울어 버리고 말았다.

부정이는 발표를 하기 전부터 '발표를 못할 것'이라 생각했다. 그리고 이러한 부정적인 생각은 실제 발표 날에도 영향을 미쳤다. '울어 버릴지도 모른다.'는 생각은 실제로 울어 버리는 결과를 낳고 말았다.

심리학자 마르탱 셀리멘트 교수는 지나치게 부정적으로 생각하면, 사람의 정신과 신체 건강에 매우 나쁜 영향을 미친다고 했다. 부정적인 생각을 하는 사람은 다른 사람보다 빨리 늙고, 우울증에 걸리기 쉬우며 자살률도 높다고 한다.

다음은 지나치게 부정적으로 생각했을 때 나타나는 증상*이다. 만약 어떤 상황에서 여러분이 다음과 같은 증상을 겪는다면 그것은 여러분이 지나치게 부정적으로 생각하고 있다는 증거*다. 이럴 때는 차분히 마음을 가라앉히고 '할 수 있다.'는 긍정적인 생각을 하도록 노력하자.

부정적인 생각을 하면 어떤 일이 생길까?

1) 몸은 어떤 반응을 할까?

숨쉬기가 어렵다, 땀이 난다, 손이 떨린다, 잠을 잘 못 잔다, 머리가 아프다

2) 기분은 어떨까?

불안하다, 무섭다, 초조*하다, 걱정된다, 귀찮다, 우울하다

3) 어떤 행동을 할까?

포기한다, 다른 사람에게 화를 내거나 짜증을 낸다, 담배를 핀다, 약물을 남용*한다

● ● ● **낱말 풀이**
증상 : 병을 앓을 때 나타나는 여러 가지 상태나 모양
증거 : 어떤 사실을 증명할 수 있는 근거
초조 : 애가 타서 마음이 조마조마함
남용 : 일정한 기준이나 한도를 넘어서 함부로 씀

기억하며 풀기

지나치게 부정적인 생각을 했을 때 나타나는 증상을 잊지 말자. 그리고 여러분에게 그러한 증상이 나타나면, 가급적 긍정적인 생각을 하도록 노력하자. 긍정적인 생각은 부정적인 생각을 이길 수 있는 힘을 갖고 있기 때문이다.

1. 지나치게 부정적으로 생각하면 어떤 증상이 나타날까? (모두 선택)

① 손이 떨린다   ② 잠을 잘 못 잔다

③ 숨쉬기가 어렵다   ④ 땀이 난다

⑤ 머리가 아프다

2. 지나치게 부정적으로 생각하면 기분은 어떨까? (모두 선택)

① 초조하다   ② 걱정된다

③ 불안하다   ④ 무섭다

⑤ 우울하다   ⑥ 홀가분하다*

⑦ 즐겁다   ⑧ 귀찮다

● ● ● ● **낱말 풀이**
홀가분하다 : 거추장스럽지 않고 가볍고 편안하다

3. 지나치게 부정적으로 생각하면 어떤 행동을 할까? (모두 선택)

① 약물을 남용한다   ② 담배를 핀다

③ 포기한다   ④ 화를 낸다

⑤ 짜증을 낸다

● ● ● ● **낱말 풀이**
강박증 : 불안장애의 하나로서 원하지 않는 생각과 행동을 반복적으로 하는 정신질환
망상증 : 허황된 상상을 사실인 것처럼 받아들이고 확신하는 정신병 증상

4. 심리학자 마르탱 셀리멘트 교수는 지나치게 부정적으로 생각하는 사람은 어떤 병에 걸리기 쉽다고 했을까?

① 공포증   ② 우울증   ③ 강박증*   ④ 망상증*

5. 자살을 하는 가장 큰 이유는 무엇일까?

① 병에 걸려서   ② 모든 일을 부정적으로만 생각해서

③ 즐거운 일을 못 찾아서   ④ 친구랑 싸워서

머릿속에 넣기

① 부정적인 생각을 계속하면, 되돌릴 수 없는 상황에 다다를 수도 있다.

② 적절한 수준의 부정적인 생각은 잘못된 점이 무엇이고 어떤 방법이 통하지 않는지 찾아낸다.

③ 적절한 수준의 부정적인 생각은 장애, 약점을 찾아내며 위험으로부터 벗어날 수 있도록 돕는다.

④ '지혜'는 긍정적인 생각과 부정적인 생각이 균형을 맞출 수 있도록 돕는다 .

⑤ 지나치게 부정적으로 생각하면 우리들의 몸, 기분, 행동에 큰 영향을 미칠 수 있다. 또한 우울증이 걸리기 쉽고, 자살률도 매우 높다.

5.부정적인 생각은 어떻게 해서 생길까?

적당한 부정적인 생각은 위험으로부터 벗어날 수 있도록 돕는다고 한다. 하지만 지나치게 부정적인 생각은 나쁜 영향을 끼친다. 여기에서는 이러한 부정적인 생각이 어떻게 해서 생기는지 이야기를 통해 알아보고, 부정적인 생각을 하지 않기 위해서는 어떻게 하면 좋을지 생각해 보자.

정글소년 '빅터'

1800년 1월 9일 프랑스 남부, 생 세랑이라는 마을 근처의 숲 속에서 한 남자 아이가 발견되었다. 이 남자 아이의 겉모습은 11~12세 정도의 소년으로 보였지만, 하는 행동은 인간이라기보다는 동물에 더 가까웠다.

처음 발견 당시 몸에 아무것도 걸치지 않고 있었으며, 동물처럼 네 발로 걷고 있었다. 사람들이 가까이 다가가자 남자 아이는 마치 동물처럼 으르렁거리며 울부짖었다.

사람들은 이 남자 아이에게 '빅터'라는 이름을 붙여 주고, 야수*에서 인간으로 변화시키기 위해 도시로 데려왔다. 사람들은 동물이나 다름없는 빅터에게 옷 입는 법, 화장실 사용하는 법, 밥 먹는 법 등 사람이라면 누구나 기본으로 알고 있는 생활 교육을 받게 했다.

그러자 빅터는 숟가락을 사용하여 밥을 먹을 수 있게 되었고, 스스로 옷을 입을 수 있게 되었다. 그뿐만 아니라 화장실 사용에도 익숙해졌다.

'빅터' 이야기를 통해 우리는 환경이 우리에게 얼마나 큰 영향을 미치는지 알

● ● ● ● **낱말 풀이**
야수 : 사람에게 길이 들지 않은 야생의 사나운 짐승

수 있다. 우리가 두 발로 걷고, 옷을 입으며, 친구들과 대화를 할 수 있는 것도 그렇게 할 수 있도록 어렸을 때부터 교육을 받았기 때문이다.

교육은 행동뿐만 아니라 생각에도 큰 영향을 끼친다. 우리는 일상생활 속에서 주변 사람과 소통*하면서 주변 사실을 판단하고 해석하는 것을 배우게 되는데, 이러한 과정을 통해 나만의 생각을 갖게 된다.

결국 긍정적인 태도나 부정적인 태도를 갖는 것도 처음부터 타고난 것이 아니라 어릴 때 받은 교육이나 주변 환경의 영향이 크다.

● ● ● 낱말 풀이
소통 : 막히지 않고 잘 통함

절망에 빠진 강아지

1975년 미국 펜실베이니아 대학의 심리학 교수 마르탱 셀리멘트는 강아지를 대상으로 다음과 같은 실험을 했다.

먼저 각 조별로 강아지를 나누어 사슬로 매어 놓았다. 그리고 전기가 통하는 막대기를 강아지들의 몸에 갖다 댐으로써 강아지들에게 미세한* 전기 충격을 가했다.

그런 다음, 마르탱 셀리멘트 교수는 막대기를 뛰어넘으면 전기가 통하지 않는다는 사실을 다른 강아지들에게는 가르쳐 주었으나, B조의 강아지들에게는 그 사실을 가르쳐 주지 않았다.

그 후 마르탱 셀리멘트 교수는 모든 강아지들을 한 방에 넣고, 방 중앙에 막대기가 지나가도록 설치했다. 다른 강아지들은 모두 막대기를 뛰어넘어 전기 충격을 피했지만, B조의 강아지들만은 아무런 반응도 하지 않고, 조용히 누워 고통을 견뎠다.

이 실험을 통해 마르탱 셀리멘트 교수는 이 강아지들이 이미 '절망'을 배웠고, 현실을 바꿀 만한 능동적*인 힘을 완전히 잃어버렸다는 사실을 발견할 수 있었다.

전기 충격을 피하는 방법을 안 강아지들은 자신에게 닥친 문제를 능동적으로 해결하려 했지만, 전기 충격을 피하는 방법을 모르는 강아지들은 문제를 해결하려 하기도 전에 절망해 버렸다.

● ● ● 낱말 풀이
미세하다 : 분간하기 어려울 정도로 아주 작다
능동적 : 다른 것에 이끌리지 않고 스스로 일으키거나 움직이는 것

우리는 마르탱 셀리멘트 교수의 실험을 통해 절망과 같은 감정도 타고난 것이 아니라 배우는 것이라는 사실을 알 수 있다. 생각 또한 마찬가지다. 주변 환경을 통해 긍정적인 생각을 배운 사람은 긍정적인 생각을 갖고, 부정적인 생각을 배운 사람은 부정적인 생각을 갖는다.

기억하며 풀기

절망과 같은 감정도 타고난 것이 아니라 주변 환경을 통해 배우는 것이라는 마르탱 셀리멘트 교수의 실험 내용을 잘 기억하자. 그만큼 주변 환경의 영향이 얼마나 큰지 깨달았을 것이다. '우리가 어떤 생각을 갖게 되느냐.'는 주변 환경의 영향이 크다. 그렇기 때문에 자신의 기분을 나쁘게 만들거나 힘들게 하는 물건은 깊은 서랍 속에 넣어 두고, 자신을 기쁘게 하는 물건은 눈에 잘 띄는 곳에 놓도록 하자.

1. 마르탱 셀리멘트는 어느 분야의 교수일까?

　① 정신과　　　　　　　　② 과학과

　③ 의학과　　　　　　　　④ 심리학과

2. B조의 강아지는 전기 충격에 어떤 반응을 보였을까?

　① 막대기를 뛰어넘느라 지친 강아지를 공격했다

　② 참고 버텼다

　③ 도망쳤다

　④ 멍멍 짖었다

3. 왜 B조의 강아지는 오랫동안 전기 충격을 받았을까?

　① 전기 충격을 피하는 방법을 몰랐다

　② 피곤해서 잠이 들었다

　③ 명령에 복종*할 줄 몰랐다

　④ 다리가 아파서 막대기를 뛰어넘을 수 없었다

● ● ● **낱말 풀이**

복종 : 남의 명령이나 의사를 그대로 따라서 좇음

4. 이 실험에서, B조의 강아지들은 무엇을 배웠을까?

① 희망　　② 절망　　③ 사랑　　④ 실망

5. B조의 강아지들은 왜 절망했을까?

① 무엇을 하든 어떤 노력을 하든 성과가 적을 것이므로

② 무엇을 하든 어떤 노력을 하든 쓸데없는 짓이므로

③ 어떤 결과가 나올지 헤아릴 수 없으므로

④ 노력을 하면 오히려 일을 망치므로

6. 이 실험을 통해 무엇을 알 수 있을까? (모두 선택)

① 전기 충격은 절망을 느끼게 한다

② 절망은 배우는 것이다

③ 영원히 절망하는 것은 아니다

④ 부정적인 생각은 하고자 하는 의욕을 잃게 한다

⑤ 주변 환경을 통해 감정도 배울 수 있다

⑥ 절망은 타고난 것이다

정확하게
읽기

그 아버지에 그 자식!

옛날, 어느 마을에 대범이와 소심이가 살았다. 대범이와 소심이는 같은 학교, 같은 반에 다니고 있었다.

대범이는 리더십이 강해서 학교에서 무슨 일이 있으면 꼭 맨 앞에 나서서 일을 해결하곤 했다. 물론 대범이 덕분에 문제가 잘 해결되는 경우도 있었지만, 자기의 주장을 너무 강하게 밀어붙이다 보니, 남의 의견은 무시해서 친구들과 종종 싸움이 벌어지기도 했다.

반면에 소심이는 내성적인 성격으로 남이 보지 않는 곳에서도 묵묵히 자기 할 일을 잘 해냈다. 하지만 발표를 해야 하는 상황에서도 입을 꾹 다물고 있어서 소심이의 대답을 기다리느라 수업 진도를 못 나가는 경우도 여러 번 있었다.

어느 날 선생님은 가정 방문을 위해 아이들의 집을 차례로 방문했는데, 이번에는 대범이와 소심이 차례가 되었다. 선생님이 대범이와 소심이가 사는 마을에 도착하자 마을 어귀*에서 누군가가 말을 걸었다.

"대범이 선생님이시죠?"

선생님이 "맞다."고 대답하자, 그 사람은 자신이 대범이 어머니라고 밝혔다.

"왜 여기까지 나오셨어요? 제가 직접 찾아가도 되는데…."

선생님의 말에 대범이 어머니는 큰 소리로 대답했다.

"아니, 선생님께서 여기까지 오셨는데, 제가 이 정도는 해야죠."

집으로 가는 길에 대범이 어머니는 만나는 사람마다 악수를 하며 선생님을 소개했다.

"아, 우리 대범이 가르치는 선생님이시라니까. 어서 인사해."

선생님은 대범이 어머니 덕분에 모르는 사람들과 길가에서 한참 동안 인사해야 했다. 대범이네 집 방문을 마친 후 선생님이 소심이네 집에 찾아가려 하자, 대범이네 어머니는 이번에도 적극적으로 나서서 소심이네 집까지 배웅해 주었다.

한편 소심이네 집 앞에 도착한 선생님은 문을 두드렸지만, 안에서는 아무런 반응이 없었다. '아무도 안 계신가?'라고 생각하던 선생님은 문을 두드리며 외쳤다.

"소심이 부모님 안 계신가요?"

그러자 조심스럽게 문이 열리더니 소심이 어머니로 보이는 사람이 밖으로 나왔다.

"혹시…. 소심이…. 선생님이신지…."

"네, 맞아요. 소심이 어머니신가요?"

"아…. 네…."

선생님은 어머니에게 소심이에 대해 여러 가지 이야기를 듣고자 했지만, 선생님의 질문에 소심이 어머니는 너무 소극적*으로 대답했다. 결국 많은 이야기를 나누지 못하고 선생님은 소심이네 집을 나서야 했다.

돌아가는 길에 선생님은 대범이와 소심이를 머릿속에 떠올리면서 '그 아버지

● ● ● **낱말 풀이**
마을 어귀 : 마을로 들어서는 첫머리
소극적 : 스스로 앞으로 나아가거나 상황을 개선하려는 기백이 부족하고 비활동적인 것

에 그 자식이라더니 옛말이 딱 맞구나!'라고 생각했다.

앞의 대범이와 소심이 이야기를 통해서도 잘 알 수 있듯이 부모는 자녀에게 큰 영향을 끼친다. 대범한 부모 밑에는 대범한 자녀가 자라고, 소심한 부모 밑에는 소심한 자녀가 자란다.

사실 우리가 이 세상에 처음 태어났을 때, 우리 마음은 마치 한 장의 하얀 종이와도 같았다. 아무것도 그려지지 않은 하얀 종이에 부모님, 선생님 등 주변 환경의 영향을 받아 자신만의 그림을 그려 나가는 것이다.

앞에서도 말했듯이 우리는 태어날 때부터 부정적이거나 긍정적인 생각을 갖는 것이 아니다. 이러한 생각은 주변 환경의 영향을 받아 배우는 것이다.

결국 여러분이 부정적인 생각이나 부정적인 태도를 갖고 있다면, 그것은 타고난 것이 아니라 주변 환경의 영향을 받아 배운 것이다. 그렇기 때문에 이러한 부정적인 생각과 태도는 긍정적인 생각이나 긍정적인 태도를 배움으로써 없앨 수도 있다.

기억하며 풀기

이미 갖고 있는 부정적인 생각과 태도도 다른 긍정적인 생각과 태도를 배움으로써 없앨 수 있다. 만약 그동안 자신을 부정적인 사람이라고 생각하고 절망했다면 앞으로는 그러지 말자. 앞으로도 긍정적인 생각과 긍정적인 태도를 충분히 배울 수 있다.

1. 다음 중 우리의 생각에 영향을 미치는 요소는 어떤 것일까? (모두 선택)

① 가정의 경제 상황   ② 사회 분위기

③ 태어난 순서   ④ 부모의 교육 방식[*]

⑤ 선생님의 수업 방식   ⑥ 가족의 성격

⑦ 친구들의 행동   ⑧ 부모의 성격

⑨ 학교 분위기   ⑩ 가족의 구성

● ● ● 낱말 풀이
방식 : 일정한 방법이나 형식

● ● ● 낱말 풀이

당차다 : 나이나 몸집에 비하여 마음가짐이나 하는 짓이 야무지고 올차다

● ● ● 낱말 풀이

자부심 : 자기 자신 또는 자기와 관련되어 있는 것에 대하여 스스로 그 가치나 능력을 믿고 당당히 여기는 마음

● ● ● 낱말 풀이

분석 : 얽혀 있거나 복잡한 것을 개별적인 요소나 성질로 나눔

2. 한창 자라고 있는 아이를 꾸짖으면 어떤 특징을 보일까?

① 겁이 많아진다   ② 겸손해진다

③ 당차게* 행동한다   ④ 용감하게 행동한다

3. 비웃음 속에서 자란 아이들은 보통 어떤 특징을 보일까?

① 냉정하다   ② 자부심*이 강하다

③ 굳세다   ④ 열등감을 가진다.

4. 우리는 무엇 때문에 부정적인 생각을 갖게 될까?

① 살면서 부정적인 일을 끊임없이 피하기 때문이다

② 살면서 부정적인 일만 끊임없이 생기기 때문이다

③ 긍정적인 일이 있으면 부정적인 일도 있기 때문이다

④ 살면서 긍정적인 일만 끊임없이 생기기 때문이다

5. 우리는 무엇을 통해 자신의 부정적인 생각을 없앨 수 있을까?

① 학습   ② 분석*   ③ 연구   ④ 실험

정확하게
읽기

자신감 넘치는 '칭찬이'와 주눅 든 '꾸중이'

옛날에 어느 마을에 꾸중이와 칭찬이가 살았다. 꾸중이의 부모님은 어릴 때부터 꾸중이를 엄하게 길렀다.

"꾸중아, 누가 다리 떨라고 했니? 다리 떠는 것은 참 버릇없는 행동이다."

"꾸중아, 네가 세 살 먹은 어린아이도 아닌데 그 나이 먹도록 젓가락질도 제대로 못하는구나."

"꾸중아, 수학 성적이 80점? 이게 뭐니? 이래서 어디 좋은 대학 가겠니?"

이처럼 꾸중이 부모님은 늘 꾸중이의 행동을 지적했다. 하지만 칭찬이의 부모님은 반대였다. 어릴 때부터 칭찬이가 잘하는 것을 이끌어 내려고 노력했다.

"칭찬아, 이렇게 다리를 잘 떠는 것을 보니 칭찬이는 춤도 참 잘 추겠구나. 그런

데 남 앞에서 다리 떠는 것은 버릇없이 보일 수 있으니까 앞으로는 그러지 말자."

"칭찬아, 칭찬이는 숟가락질도 참 잘하는구나. 그런데 젓가락질이 조금 틀렸네? 내가 젓가락질 하는 것을 보고 따라하렴."

"칭찬아, 수학 공부를 열심히 하더니 이번에 80점을 받았네? 더 열심히 하면 다음번에는 90점도 받을 수 있겠구나."

칭찬이 부모님은 늘 칭찬이를 칭찬했기 때문에, 칭찬이는 늘 자신감 넘치고 활기찼다. 반면 꾸중이는 꾸중만 들어서 늘 자신감 없고 주눅 들어 있었다.

그러던 어느 날이었다. 꾸중이와 칭찬이는 학교의 극기 훈련에 참가하게 됐다. 지도 없이 산 속을 헤쳐서 학교까지 찾아와야 했는데, 한참 산 속을 헤매고 있던 중에 비가 억수같이 쏟아졌다. 비 때문에 갑자기 날이 어두워지자 앞이 안 보여서 걷기조차 힘들었다.

한참을 헤매던 꾸중이와 칭찬이는 잠시 나무 아래에서 비를 피하기로 했다. 꾸중이는 울면서 칭찬이에게 말했다.

"난 이제 못 가겠어. 힘들어 죽겠어. 우리는 이제 못 돌아갈 거야. 이렇게 비가 쏟아지는데 구하러 오는 사람도 없을 거야."

꾸중이의 말에 칭찬이는 '할 수 있다.'고 꾸중이를 격려했지만, 꾸중이는 막무가내*였다. 결국 칭찬이는 '나중에 데리러 온다.'는 말을 남기고, 혼자서 앞길을 헤쳐 나갔다. 한참을 헤맸을까. 드디어 학교 건물이 보였다. '해냈다.'는 기쁨을 만끽하던 칭찬이는 선생님들과 함께 꾸중이를 데리러 갔다. 꾸중이는 여전히 아까 그 자리에 주저앉아 하염없이 울고 있었다.

우리가 가지는 생각은 대체로 부모님, 선생님 등 주변 사람들에게 배운 것이다. 특히 우리가 갖는 부정적인 생각은 어릴 때부터 어른들에게 꾸중을 들으면서 키운 것이다.

연구에 따르면, 부정적인 사람은 즐겁고 좋은 일이 생겼을 때 '단지 운이 좋았을 뿐이고, 즐거움은 잠시일 것'이라고 생각하며, 불쾌하고 나쁜 일이 생겼을 때는 '나 때문에 생긴 일이고, 나쁜 일은 영원히 계속될 것'이라고 생각한다고 한다.

● ● ● **낱말 풀이**
막무가내 : 융통성이 없고 고집이 세 어쩔 수 없음

그렇기 때문에 부정적인 사람은 바람 빠진 고무공처럼 늘 풀*이 죽고, 하늘을 원망하고, 남을 비난하면서 스스로 벗어날 수 없는 상황에 빠지고 만다.

● ● ● ● **낱말 풀이**

풀 : 세찬 기세나 활발한 기운

기억하며 풀기

즐거운 일이 생겼을 때 마음속으로 '아, 이 즐거움은 영원히 지속될 수 있어. 내가 잘 해내서 즐거운 거야.'라고 말해 보자.

또한 나쁜 일이 생겼을 때는 '아, 이것은 누구의 탓도 아니라, 어쩔 수 없는 상황이었을 뿐이야. 조금만 지나면 괜찮아질 거야.'라고 말해 보자.

1. 부정적인 사람은 좋은 일이 생겼을 때 어떻게 생각할까? (모두 선택)

　① 좋은 일은 영원할 것이다　　② 늘 있는 일이다

　③ 좋은 일은 금방 지나갈 것이다　④ 운이 좋았을 뿐이다

　⑤ 감사하다

2. 부정적인 사람은 나쁜 일이 생겼을 때, 어떻게 생각할까? (모두 선택)

　① 늘 있는 일이다　　　② 나 때문에 생긴 일이다

　③ 우연히 생긴 일이다　④ 나쁜 일은 영원히 지속될 것이다

　⑤ 운이 나빴을 뿐이다　⑥ 나쁜 일은 금방 지나갈 것이다

3. 여러분이 다음과 같은 꾸중을 들었다고 하자. 꾸중이 여러분에게 미치는 부정적인 영향은 무엇일지 생각해 보자.

3-1. 다음 꾸중은 여러분에게 어떤 영향을 미쳤을까?

> 이번 수학 시험 성적이 좋은 것은 시험 문제가 쉬웠기 때문이다

　① 공부를 열심히 했기 때문에 좋은 성적을 받은 것은 당연하다

　② 좋은 성적을 받은 것은 순간적인 것이다

　③ 좋은 성적을 받은 것은 영원한 것이다

　④ 좋은 성적을 받은 것은 나 때문에 받은 것이다

3-2. 다음 꾸중은 여러분에게 어떤 영향을 미쳤을까?

> 너는 왜 늘 이렇게 게으름을 피우는 거냐?

① 게으름은 영원한 것이다　　　　② 게으름은 우연한 것이다

③ 게으름은 단순한 것이다　　　　④ 게으름은 고칠 수 있다

3-3. 다음 꾸중은 여러분에게 어떤 영향을 미쳤을까?

> 우리 팀이 승리한 것은 상대팀의 리더가 능력이 부족했기 때문이다.

*●●● **낱말 풀이***
예측 : 미리 헤아려 짐작함

① 우승한 것은 운이 좋았기 때문이다　　② 우승은 마땅한 것이다

③ 우승은 예측* 가능했다　　　　④ 우승은 영원하다

3-4. 다음 꾸중은 여러분에게 어떤 영향을 미쳤을까?

> 늘 이렇게 수업에 빠지면 장래* 어떻게 책임감이 있는 사람이 될래?

*●●● **낱말 풀이***
장래 : 다가올 앞날
무책임 : 책임감이 없음

① 무책임*은 우연히 생긴 것이다　　② 무책임은 고칠 수 있다

③ 무책임은 순간적인 것이다　　　　④ 무책임은 영원한 것이다

*●●● **낱말 풀이***
자초 : 어떤 결과를 자기 스스로 불러옴

1 부정적인 생각은 타고난 것이 아니라 주변 환경을 통해 배운 것이다.

2 절망과 같은 감정도 타고난 것이 아니라 배운 것이다.

3 부정적인 생각은 학습을 통해 없애 버릴 수 있다.

4 부정적인 사람은 즐거운 일이란 순간적이고 운에 달린 일이지만,
나쁜 일은 영원하고 자신이 자초*한 일이라고 생각한다.

6.부정적인 생각도 계속하면 습관이 된다

어떤 일을 반복적으로 하다 보면 '습관'이 된다. 예를 들어 매일 아침 여섯 시에 일어나는 연습을 한다고 하자. 처음에는 일어나는 게 힘들고 어렵지만 반복적으로 하다 보면 어느 순간 힘들이지 않고도 여섯 시에 가뿐히 일어날 수 있다. 습관이 되었기 때문이다. 생각도 마찬가지다. 생각도 반복적으로 하다 보면 습관이 된다.

오늘의
배울거리

도둑질이 습관이 된 아들

옛날 어느 마을에 한 어머니와 아들이 살고 있었다. 하루는 아들이 친구의 책을 몰래 훔쳐 와서 어머니에게 말했다.

"어머니, 오늘 친구의 책을 훔쳐 왔어요."

그러자 어머니는 아들을 꾸짖기는커녕 오히려 "잘했다."고 칭찬하였다. 칭찬받은 아들은 다음번에는 남의 옷을 훔쳐 왔다.

"옳지! 우리 아들 정말 잘하는구나!"

어머니는 책을 훔쳐 왔을 때보다 더 많이 아들을 칭찬했다. 그 뒤로 아들은 돈, 보석 등 점점 더 값진 물건을 훔쳐 왔고 그럴 때마다 어머니는 칭찬을 아끼지 않았다.

결국 아들은 나이가 먹어 큰 도둑이 되었고, 어느 날 도둑질을 하던 현장에서 잡히고 말았다.

그동안 너무 많은 물건을 훔치는 바람에 아들은 사형*을 선고 받게 됐다. 사형장으로 끌려가는 아들의 뒤를 어머니는 울부짖으며 따라갔다.

●●● 낱말 풀이
사형 : 죄인의 목숨을 끊는 형벌

사형대에 선 아들에게 판사가 "마지막으로 하고 싶은 말이 있으면 하라."고 말했다. 아들은 어머니에게 할 말이 있다며 어머니를 자신의 곁으로 불렀다. 어머니가 아들 곁으로 가까이 다가가자 아들은 입으로 어머니의 귀를 물어뜯었다.

"그동안 지은 죄도 많으면서, 이제 불효까지 저지르려는 것이냐!"

어머니가 꾸짖자 아들이 대답했다.

"내가 처음 책을 훔쳐 왔을 때 어머니가 지금처럼 꾸짖었다면, 오늘 나는 사형당하지 않았을 거예요."

옛말에 '세 살 버릇, 여든 간다.'는 말이 있다. 이는 위의 이야기를 통해서도 잘 알 수 있다. 이야기 속의 아들은 어려서 도둑질하는 습관을 들이게 됐고, 결국 그 습관 때문에 사형을 당하게 된 것이다.

사람은 독서, 글쓰기, 운동, 음식 등 모든 분야에 어떤 '습관[*]'을 갖고 있는데, 이러한 습관은 '생각'에서도 나타난다. 부정적인 생각을 계속하는 사람은 그것이 습관이 되어 어떤 일이 닥쳐도 부정적인 생각을 하고, 긍정적인 생각을 계속하는 사람은 어떤 일이 닥쳐도 긍정적인 생각을 한다.

뿌리내린 나무는 뽑기 어렵다!

옛날에 네 명의 자녀를 둔 어머니가 살았다. 어머니는 네 명의 자녀를 어떻게 키우면 좋을지 고민하다가 유명하다는 현자[*]를 찾아가 물었다.

"어떻게 하면, 자녀들을 잘 키울 수 있을까요?"

어머니의 물음에, 현자는 어머니를 정원으로 데려갔다. 그는 정원에 심어 있는 네 그루의 나무를 한번 뽑아 보라고 말했다.

첫 번째 나무는 갓 심은 나무였다. 어머니는 첫 번째 나무를 힘들이지 않고 아주 쉽게 뽑을 수 있었다. 두 번째 나무는 심은 지 얼마 안 된 나무였다. 어머니는 약간의 힘을 들여 두 번째 나무를 뽑았다. 세 번째 나무는 심은 지 꽤 지난 나무였다. 어머니는 땀을 뻘뻘 흘리며 겨우 세 번째 나무를 뽑았다. 그러나 네 번째 나무는 이미 견고[*]하게 뿌리를 내리고 있었다. 어머니는 팔을 걷어붙이고 온갖 안간힘[*]을 다 쏟았지만, 나무는 그 자리에서 꼼짝도 하지 않았다. 한

참 동안 어머니를 지켜보던 현자는 어머니에게 말했다.

"오래된 나무는 땅에 깊은 뿌리를 내려서 그것을 뽑기가 참 어렵지요. 습관도 마찬가지랍니다. 오랜 습관은 깊은 뿌리를 내려서 그것을 바꾸기가 어렵지요. 자녀를 잘 키우기 위해서는 자녀에게 좋은 습관을 심어 주는 것이 중요하답니다."

이 이야기에서도 잘 알 수 있듯이, 깊게 뿌리박힌 습관을 고치는 것은 참 어렵다. 그렇기 때문에 잘못된 습관은 견고하게 뿌리를 내리기 전에 뽑아야 한다. '부정적인 생각'도 계속하면 나쁜 습관이 된다. 만약 그동안 부정적인 생각을 많이 했다면 앞으로는 고치도록 노력하자. 여러분은 아직 어리기 때문에 조금만 노력하면 충분히 고칠 수 있다. 부정적으로 생각하는 습관을 고치기 위해 가장 중요한 것은 자신의 생각을 아는 것이다.

기억하며 풀기

앞에서 우리는 부정적인 생각도 '습관'이 될 수 있다는 사실을 배웠다. 좋은 습관은 자신에게 긍정적인 영향을 주지만, 나쁜 습관은 부정적인 영향을 주기 때문에 고쳐야 마땅하다. 만약 그동안 부정적인 생각을 습관적으로 한 사람이라면 고치도록 노력하자.

1. 부정적인 생각을 고치기 위해 가장 중요한 것은 무엇일까?

　　① 부정적인 반응을 나타나게 한 일이 무엇인지 이해해야 한다

　　② 부정적인 반응을 나타나게 한 행동이 무엇인지 이해해야 한다

　　③ 부정적인 반응을 나타나게 한 생각이 무엇인지 이해해야 한다

　　④ 부정적인 반응을 나타나게 한 원인이 무엇인지 이해해야 한다

2. 자기 자신을 돌이켜 보고 그동안 어떤 부정적인 생각을 했는지 적어 보자.

목요일은 걱정의 날!

영국의 한 실업가*, 아더 팽크는 사업에 대한 고민과 걱정으로 늘 불안했다.

'이번에 나오는 상품이 과연 잘 팔릴까?'

'어떤 상품을 만들어야 할까?'

'다른 회사는 잘만 되는데, 나는 왜 이 모양이람.'

이처럼 항상 고민과 걱정 속에 살고 있던 아더 팽크는 자신이 고민과 걱정 때문에 스트레스*를 받고 있다는 사실을 알게 되었다.

그는 '걱정에서 벗어나 살 수 있는 방법이 뭐 없을까?' 하고 생각하다가 좋은 아이디어를 하나 떠올리게 됐다.

그는 매주 목요일을 '걱정의 날'로 정하고, 걱정거리가 생길 때마다 언제, 어떤 걱정을 했는지 종이에 적어 상자에 넣어 두기로 했다. 그렇게 하자, 목요일을 제외한 다른 날은 고민과 걱정으로부터 해방될 수 있어서 한껏 즐겁고 행복하게 보낼 수 있었다.

그러던 어느 목요일이었다. 그는 그동안 상자에 모인 메모를 살펴보다가 문득 이런 사실을 깨닫게 되었다. 상자에 넣을 당시만 해도 큰 문젯거리였던 걱정거리가 시간이 지나 다시 읽어 보니, 별로 큰 문제가 아니라는 사실이었다.

그는 사람이 살면서 크게 고민하고 걱정할 일이 별로 없다는 것을 깨닫게 되었다. 그리고 나서 그는 걱정과 고민으로 스트레스를 받는 일이 거의 없었다고 한다.

다이어트에 성공하기 위해서는 먹는 음식과 체중*을 빠짐없이 기록해야 한다. 시간 관리를 잘하려면 계획표에 하루 일정을 꼼꼼히 기록해야 하고, 돈 관리를 잘하기 위해서는 용돈 기입장에 그날 들어오고 나간 돈을 잘 기록해야 한다.

어떤 것이든 기록하고 끊임없이 확인해야 도중에 포기하지 않고 잘 관리할 수 있다. '생각'도 마찬가지다. 자신이 어떤 생각을 하고 있는지 꼼꼼히 기록해 두면, 어떤 이유 때문에 부정적인 생각을 하게 되는지 알 수 있다. 그뿐만 아니라, 그 이유를 알면 스스로 반성하고 고칠 수 있게 된다.

● ● ● **낱말 풀이**
실업가 : 상공업이나 금융업 등의 사업을 경영하는 사람
스트레스 : 적응하기 어려운 환경에 처할 때 느끼는 심리적·신체적 긴장 상태. 장기적으로 지속되면 심장병, 위궤양, 고혈압 등의 신체적 질환을 일으키기도 하고 불면증, 신경증, 우울증 등의 심리적 부적응을 나타내기도 한다
체중 : 몸무게

앞으로 생각을 잘 관리하기 위해서 '생각 일기'를 쓰자. 다음과 같이 표를 만들고, 표 안에는 자신에게 닥친 일, 기분, 행동, 신체 반응 등을 기록해 두자. 긴장 점수는 1이 가장 낮고, 10이 가장 높다.

생각 일기

일어난 사건	머릿속에 떠오른 생각	기분	신체 반응	행동	긴장 점수
곧 시험이다	나는 시험을 못 볼 거야	두렵다	가슴이 두근거린다	마음을 집중할 수 없다	8

기억하며
풀기

어떤 것을 고치기 위해서는 끊임없이 기록하고 확인하는 것이 필요하다. 부정적으로 생각하는 습관을 고치기 위해 앞에서 배운 '생각 일기'를 꼭 쓰자. 지금보다 좀 더 행복한 삶을 살 수 있을 것이다.

생각 일기

일어난 사건	머릿속에 떠오른 생각	기분	신체 반응	행동	긴장 점수

머릿속에
넣기

1 부정적인 생각도 계속하다 보면 '습관'이 된다.

2 자신이 어떤 생각을 하고 있는지 꼼꼼히 기록해 두면, 어떤 이유

때문에 부정적인 생각을 하게 되는지 알 수 있다.

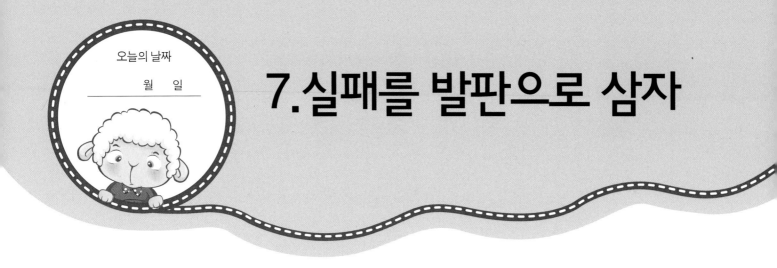

7.실패를 발판으로 삼자

사람들은 흔히 실패를 하면 좌절하고 절망한다. 하지만 좌절하고 절망한다고 해서 문제가 해결되는 것은 아니다. 옛말에 '실패는 성공의 어머니'라고 했다. 따라서 실패했다고 해서 좌절하고 절망할 게 아니라 더욱더 긍정적인 생각을 가지고 문제를 해결할 방법을 찾아야 한다.

오늘의
배울거리

아오모리 합격 사과!

1991년 사과 재배로 유명한 일본 아오모리 현에 태풍이 불어닥쳤다. 태풍 때문에 일 년 동안 농부들이 땀 흘리며 재배한 사과가 다 익기도 전에 떨어져 버리고 말았다.

태풍이 지나간 후, 남아 있는 사과는 전체 사과의 10퍼센트에 불과했다. 사람들은 자신들 앞에 닥친 현실에 절망하고 말았으며, 애꿎은 하늘만 원망했다.

"하늘이시여, 너무하십니다. 어떻게 재배한 사과인데….."

한편 이런 절망적인 현실에서도 웃음을 잃지 않는 사람이 있었다. 사람들은 모두 그를 나무랐다.

"아니, 이런 상황에서 웃음이 나온단 말입니까?"

그러자 그는 대답했다.

"이미 벌어진 일은 되돌릴 수 없어요. 앞으로 할 수 있는 일이 무엇인지 찾아야 하지요."

그 후 며칠이 지났다. 그는 떨어지지 않은 10퍼센트의 사과를 보통 사과보다 열 배나 비싼 값에 내다 팔았다. 사람들은 그를 손가락질하며 '세상 물정* 모른다.'고 욕했다.

그런데 이게 웬일일까. 보통 사과보다 열 배 비싼 그의 사과는 불티나게 팔려 나갔다. 이상하다고 생각한 사람들은 그에게 물었다.

"도대체 당신의 비싼 사과를 사람들이 사가는 이유가 무엇이오?"

그러자 그가 대답했다.

"저는 사과에 '합격 사과'라는 상표를 붙인 것밖에 없는데요."

그의 사과는 보통 사과보다 열 배나 비싼 값이었지만 엄청난 위력*의 태풍 속에서도 떨어지지 않았다는 사실 때문에 수험생들에게 폭발적인 인기를 얻었던 것이다.

만약 그가 다른 사람들처럼 '망했다.' 생각하고 하늘만 원망했다면, 나쁜 상황은 영영 바뀌지 않았을 것이다. 하지만 그는 잃어버린 90퍼센트에 절망하지 않고, 남은 10퍼센트에 희망을 가졌다. 10퍼센트의 희망, 이것이 결국 그에게 성공을 가져다준 것이다.

이야기를 통해서도 알 수 있듯이, 부정적인 생각으로 예측한 미래는 정확하지 않다. 태풍으로 떨어진 사과를 보고 사람들은 모두 '망했다.'고 생각했지만, 이 와중에도 희망을 갖고 성공하는 사람이 있었다. 이처럼 우리는 부정적인 생각을 갖고 미리 결론을 내려서는 안 된다.

● ● ● **낱말 풀이**
물정 : 세상의 이러저러한 실정이나 형편
위력 : 상대를 압도할 만큼 강력함. 또는 그런 힘

정확하게 읽기

실패에 동요하지 않은 수영 선수, 매트 비온디

1988년 서울 올림픽이 개최됐을 때의 이야기다. 당시 미국에서는 수영 선수 매트 비온디에게 거는 기대가 대단했다. 사람들은 1972년 마크 스피츠가 수영 종목에서 7관왕을 달성한 것처럼 매트 비온디도 7관왕을 이룰 수 있을 것이라고 생각했다.

그런데 아쉽게도 그는 처음 두 종목*에서 금메달 달성에 실패하고 말았다. 사람들은 매트 비온디가 처음부터 실패했기 때문에 다음 경기에서도 금메달을 따기는 힘들 것이라고 예측*했다.

그런데 이게 웬일일까. 매트 비온디는 사람들의 예상을 뒤엎고, 다섯 종목에

● ● ● **낱말 풀이**
종목 : 여러 가지 종류에 따라 나눈 항목
예측 : 미리 헤아려 짐작함

서 모두 금메달을 따냈다. 이러한 뜻밖의 결과에 대해 매트 비온디의 코치는 이렇게 밝혔다.

"매트 비온디는 다른 선수들보다 긍정지수가 40퍼센트나 높았어요."

코치는 훈련을 할 때, 각 선수들에게 일부러 '성적이 매우 나쁘니 좀 쉬었다 하자.'는 말을 했다고 한다. 잠시 휴식을 취한 후 선수들의 기록을 재 본 결과, 다른 선수들의 기록은 전보다 더 나빠졌지만 비온디의 성적은 전보다 훨씬 나아졌다고 한다.

보통 사람들은 실패를 경험하면, 그 실패에 영향을 받는 경우가 많다. '실패했다.'는 생각에 얽매여 다음 일도 그르치고 마는 것이다. 하지만 매트 비온디는 달랐다. 처음 두 종목을 실패했지만, 그 실패에 동요하지 않으려고 노력했고 그 결과 나머지 다섯 종목에서는 모두 금메달을 딸 수 있었다.

그럼, 매트 비온디가 실패에 동요하지 않도록 도와준 힘은 무엇일까? 그것은 바로 긍정적인 마음이다.

기억하며 풀기

긍정적인 생각과 마음은 실패를 해도 실패에 얽매이지 않고, 다음 일을 잘 해낼 수 있도록 도와준다. 앞으로 살면서 여러분은 많은 실패를 경험할 것이다. 하지만 좌절하지 말고, 긍정적인 마음을 갖자. 긍정적인 마음은 여러분에게 성공을 가져다줄 것이다.

1. 매트 비온디의 긍정지수는 다른 선수들보다 얼마나 더 높았을까?

① 10퍼센트   ② 20퍼센트

③ 30퍼센트   ④ 40퍼센트

2. '성적이 매우 나쁘다.'는 코치의 말을 들은 후, 매트 비온디의 기록은 어떻게 변했을까?

① 속도가 더 느려졌다   ② 속도가 더 빨라졌다

③ 변화가 없다   ④ 알 수 없다

3. 매트 비온디가 실패에도 굴하지 않고, 다섯 개의 금메달을 딸 수 있었던 것
은 어떤 생각 때문일까? (모두 선택)

① 나는 영원한 실패자다

② 상황은 반드시 좋아질 것이다

③ 실패한 사실은 없어지지 않는다

④ 한 번 실패했다고 해서 다음에 또 실패할 것이라고는 장담할 수 없다

⑤ 금메달을 못 받은 것은 단지 이 순간뿐이다

⑥ 상황이 반드시 좋아진다고 할 수 없다

정확하게
읽기

땅속 깊숙이 뿌리를 내리자

옛날에 한 나무꾼이 살았다. 어느 날 나무꾼은 숲 속에 있는 큰 나무를 베어 넘기는 작업을 하고 있었다. 그 광경*을 지켜보던 마을 사람 한 명이 나무꾼에게 물었다.

"이렇게나 큰 나무는 몇 년이나 된 걸까요?"

그러자 나무꾼이 확신에 찬 목소리로 대답했다.

"나무는 나이테를 세어 보면 나이를 알 수 있답니다. 이 나무는 한 100세 정도 되는 것 같네요. 그런데 여기 나이테를 한번 자세히 살펴보세요. 나이테와 나이테 사이에 간격이 큰 것도 있고, 전혀 없는 것도 있죠?"

마을 사람들은 모두 입을 모아 "네!"라고 대답했다. 나무꾼은 미소를 짓더니 말했다.

"흔히 사람들은 얼마나 자랐나를 보려면 키를 재 보잖아요. 나무는 나이테 간격을 살펴보면 알 수 있어요. 나이테 사이의 간격이 없는 것은 그만큼 나무가 잘 자라지 못했다는 걸 의미해요. 그리고 나무가 잘 자라지 못했다는 것은 그 해에 가뭄이 들었다는 것을 의미하기도 하지요."

마을 사람들은 나무꾼의 설명에 모두 고개를 끄덕였다. 나무꾼이 말을 이었다.

"사실 가뭄이 든 해는 나무의 인생에서 가장 중요한 시기랍니다. 이때 뿌리를 땅속 깊숙이 내려야 영양소를 흡수할 수 있기 때문이죠. 땅속 깊숙이 내린 뿌

낱말 풀이
광경 : 벌어진 일의 형편이나 모양

리는 가뭄 후에 나무가 더 잘 자랄 수 있도록 도와주지요."

여러분이 만약 어떤 일을 실패했다고 생각해 보자. 어떤 생각이 들까? 부정적인 사람은 나쁜 일은 영원히 지속될 것이라고 믿기 때문에 실패 앞에서 절망하고 좌절할 것이다. 그러나 긍정적인 사람은 나쁜 일은 금방 지나갈 것이고 앞으로 상황은 더 좋아질 것이라고 믿는다. 그렇기 때문에 가뭄 때 나무가 뿌리를 땅속 깊숙이 내리듯이 다음의 성공을 위해 더 노력한다.

기억하며 풀기

실패하거나 어려운 일이 닥쳤을 때, 나무와 같은 자세를 갖도록 하자. 나쁜 일은 금방 지나갈 것이고 상황은 앞으로 더 좋아질 것이라고 믿자. 이러한 긍정적인 자세가 성공을 이끈다.

1. 다음과 같은 행동이나 생각을 통해 어떤 자세를 엿볼 수 있을까?

> 이번 시험 성적은 나쁘지만, 노력하면 좋은 성적을 받을 수 있다

① 나쁜 일은 영원히 지속된다   ② 나쁜 일은 금방 지나간다

2. 다음과 같은 행동이나 생각을 통해 어떤 자세를 엿볼 수 있을까?

> 나는 독감에 걸렸지만, 약을 먹으면 금방 나을 것이다

① 나쁜 일은 영원히 지속된다   ② 나쁜 일은 금방 지나간다

3. 다음과 같은 행동이나 생각을 통해 어떤 자세를 엿볼 수 있을까?

> 여동생에게 줄 선물을 살 돈이 모자라지만, 아르바이트를 하면
> 선물 살 돈을 모을 수 있다

① 나쁜 일은 영원히 지속된다   ② 나쁜 일은 금방 지나간다

4. 다음과 같은 행동이나 생각을 통해 어떤 자세를 엿볼 수 있을까?

> 내 인생은 이제 끝났다

① 나쁜 일은 영원히 지속된다   ② 나쁜 일은 금방 지나간다

5. 다음과 같은 행동이나 생각을 통해 어떤 자세를 엿볼 수 있을까?

> 너는 언제나 나를 존경하지 않았어. 그 태도는 변하지 않을 거야

① 나쁜 일은 영원히 지속된다   ② 나쁜 일은 금방 지나간다

머릿속에 넣기

❶ 부정적인 생각으로 미래를 예측해서는 안 된다.

❷ 실패는 금방 지나가는 것이다.

❸ 실패에 좌절하지 않고, 실패를 발판으로 삼아야 한다.

❹ 무작정 자신을 탓해서는 안 된다.

8.생각의 함정에 빠지지 않으려면!

사냥꾼들은 토끼, 노루 등 사냥감을 포획하기 위해 땅을 파 놓거나 덫을 놓는 등 함정을 만들어 놓는다고 한다. 함정에 한번 빠진 사냥감은 좀처럼 빠져나올 수 없는데 생각 또한 마찬가지다. '생각의 함정'에 빠지면 빠져나오기 어렵다. 여기에서는 생각의 함정이 무엇이고 생각의 함정에 빠지지 않으려면 어떻게 해야 하는지 알아보자.

오늘의
배울거리

오른손이 안되면 왼손으로. 사격 선수 '카로리 타카스'

헝가리의 사격 선수 카로리 타카스는 1938년 군 복무* 중 수류탄 폭발 사고로 오른손을 잃고 말았다. 사격 선수에게 손은 생명과 같은 것으로 육상 선수가 다리를, 농구 선수가 팔을 잃은 것과 같은 일이었다.

타카스가 더 이상 사격을 할 수 없을 것이라고 생각한 주위 사람들은 하나같이 타카스를 불쌍히 여겼다. 하지만 잠시 충격에 빠져 있던 타카스는 곧 정신을 다잡고 사람들에게 말했다.

"제가 중요한 것을 잊고 있었어요. 저에게는 왼팔이 있잖아요."

아직 왼팔이 남아 있다는 사실을 깨달은 타카스는 왼손으로 연습을 시작했다. 연습이 쉽지만은 않았다. 그동안 오른손으로만 사격을 해 온 타카스는 왼손을 사용하는 것이 익숙하지 않아 총 잡는 법부터 새로 익혀야 했다. 또한 한쪽 팔이 없어서 몸의 균형 잡기도 만만치 않았다.

"왼손으로 연습해 봤자 오른손으로 했던 만큼 실력을 키울 순 없을 거야. 시간 낭비라고."

사람들은 왼손으로 연습하는 타카스에게 어리석은 행동이라며 포기하라고 조

● ● ● 낱말 풀이
복무 : 어떤 직무나 임무에 힘씀

언했다. 하지만 타카스는 사람들에게 자신 있게 말했다.

"오른손이 했는데 왼손이 못할 이유가 없어요. 만약 해내지 못한다면, 그것은 왼손이라서 못한 것이 아니라 의지가 부족해서일 거예요. 저는 포기하지 않아요."

타카스는 사람들의 만류*에도 불구하고 포기하지 않고 끊임없이 연습과 훈련을 반복했다. 그 결과 타카스는 1939년 세계 선수권 대회에서 우승했다. 수류탄 폭발 사고로 오른팔을 잃은 지 딱 일 년만의 일이었다.

그리고 그 후 1948년 런던 올림픽, 1952년 헬싱키 올림픽에서도 타카스는 당당히 왼손으로 금메달을 거머쥐었다.

1장에서 배운 'A, B, C 인류 행동 모델' 이론을 기억할 것이다. 이 이론에 따르면 한 사람의 기분이나 행동은 생각의 영향을 받는다. 만약 타카스가 오른팔을 잃고 난 후 '더 이상 사격을 못할 거야.'라고 생각했다면, 세계 선수권 대회나 올림픽에서 우승할 수 없었을 것이다. '할 수 있어.'라고 생각했기 때문에 정말 해낼 수 있었던 것이다.

이처럼 생각의 힘은 대단하다. 여러분이 어떤 사건이 닥쳤을 때 잘못된 생각, 합리*적이지 않은 생각, 왜곡된 생각을 한다면 그 생각을 바꾸도록 노력해야 한다. 생각을 바꾸는 것 하나만으로도 문제를 해결할 수 있다.

장님 코끼리 만지기

옛날에 어느 마을에 세 명의 장님이 있었다. 눈이 보이지 않았기 때문에 그들이 사물을 판단*하기 위해서는 직접 만져 볼 수밖에 없었다.

그러던 어느 날, 장님 세 명은 길을 가다 코끼리를 타고 오는 한 사람을 만났다. 그들은 코끼리에 대해 들어 보기는 했지만 가까이에서 본 적은 한 번도 없었다. 코끼리가 어떻게 생겼는지 궁금한 그들은 한 번만 만져 보게 해 달라고 부탁했고, 코끼리를 타고 온 사람은 흔쾌히 그 부탁을 들어주었다. 그들은 코끼리가 어떻게 생겼는지 알기 위해, 코끼리를 만져 보기도 하고 두들겨 보기도 했다.

실컷 코끼리를 만지고 돌아오는 길에 그들은 코끼리의 생김새에 대해 이야기했다. 첫 번째 장님이 말했다.

"코끼리는 뱀처럼 길쭉하더라고."

그러자 두 번째 장님이 고개를 갸우뚱거리며 말했다.

"이상하다. 나무처럼 둥글고 두껍던데."

이에 질세라 세 번째 장님이 말했다.

"아니야. 코끼리는 거대한 벽처럼 생겼어."

세 명의 장님이 코끼리의 생김새에 대해 다르게 판단한 이유는 무엇일까? 첫 번째 장님은 코끼리의 코만 만져 보고 코끼리가 뱀처럼 길쭉하게 생겼다고 판단했고, 두 번째 장님은 코끼리의 다리만 만져 보고 나무처럼 둥글게 생겼다고 판단한 것이다. 또한 세 번째 장님은 코끼리의 옆구리만 만져 보고 거대한 벽 같다고 판단했다.

이처럼 한 부분만 살펴보고 전체를 평가하거나, 논리에 맞지 않게 생각하는 것을 가리켜 '생각의 함정*에 빠졌다.'고 한다. 생각의 함정에 빠지면, 우리는 어떤 사건이 닥칠 때 잘못 판단하여 일을 그르칠 수 있다. 사건을 객관적*으로 보지 못하고, 주관적*인 감정으로 판단하기 때문이다.

어떤 일이 닥쳤을 때, 정확하고 객관적으로 판단하기 위해서 우리는 '생각의 함정'에 빠지지 않도록 주의해야 할 것이다.

● ● ● 낱말 풀이
함정 : 짐승 등을 잡기 위하여 땅바닥에 구덩이를 파고 그 위에 약한 너스레를 쳐서 위장한 구덩이
객관적 : 자기와의 관계에서 벗어나 제삼자의 입장에서 사물을 보거나 생각하는 것
주관적 : 자기의 견해나 관점을 기초로 하는 것

기억하며
풀기

● ● ● 낱말 풀이
공정 : 공평하고 올바름

'생각의 함정'에 빠지면, 우리는 잘못된 판단을 내릴 수 있다. 사건을 정확하고 객관적으로 판단할 수 없기 때문이다. '생각의 함정'에 빠지지 않도록 주의하자.

1. 생각의 함정에 빠지게 되면 어떻게 될까? (모두 선택)

① 사건을 주관적으로 판단한다　　② 사건을 객관적으로 판단한다

③ 오해를 하기 쉽다　　④ 논리적인 생각을 하지 못한다

⑤ 공정*하게 생각할 수 있다　　⑥ 마음속에 편견을 갖고 판단한다

2. 생각의 함정에 빠지면 안 되는 이유는 무엇일까?

① 세상을 즐기기 위해서 ② 세상을 정확하게 판단하기 위해서

③ 세상을 연구하기 위해서 ④ 세상을 잘 살기 위해서

정확하게
읽기

보물이라고 해서 늘 꼭꼭 숨겨져 있는 것은 아니다

오늘은 지원이네 학교 소풍날이다. 지원이는 소풍날만 되면 '보물찾기'를 할 생각에 마음이 설렌다. 아침에 집을 나서면서 지원이는 굳게 결심했다.

'이번에는 꼭 찾고 말 거야.'

지원이는 소풍날 보물찾기를 해서 보물을 찾은 적이 한 번도 없다. 친구들을 보면 잘만 찾는 것 같은데, 운이 없는 건지 보물은 좀처럼 지원이 손에 들어오지 않았다.

반 장기자랑과 즐거운 점심시간이 지나고 드디어 '보물찾기' 시간이 돌아왔다. 지원이는 다시 한 번 주먹을 불끈 쥐고 '꼭 찾을 거야.'라고 다짐했다.

"삑!"

선생님의 호루라기 소리와 함께 아이들은 보물찾기에 나섰다. 지원이는 눈에 띄지 않는 바위 틈, 풀숲을 샅샅이 찾아다녔다. 하지만 이상하게도 보물은 좀처럼 눈에 띄지 않았다.

어느 정도 시간이 흘렀을까. 여기저기서 "찾았다!"라는 함성 소리가 쏟아졌다. 결국 이번 소풍에서도 지원이는 보물을 못 찾고 말았다.

기분이 울적해진 지원이는 '뭐가 문제지?'라고 골똘히 생각하다가, 보물을 찾은 친구들에게 어떻게 찾았는지 방법을 물어보기로 했다. 지원이의 질문에 첫 번째 친구는 다음과 같이 대답했다.

"찾으려고 해서 찾은 게 아니라, 그냥 길에 떨어져 있던데?"

그러자 다른 친구가 맞장구[*]를 쳤다.

"맞아, 보이는 곳에 떡하니 있더라."

친구들의 말을 듣고, 지원이는 '보물이니까, 꼭꼭 숨겨져 있을 거야.'라는 편견 때문에 보물을 찾지 못했다는 사실을 깨달았다.

● ● ● **낱말 풀이**
맞장구 : 남의 말에 덩달아 호응하거나 동의하는 일

'보물' 하면 어떤 생각이 들까? 보물을 찾으러 떠나는 내용의 만화, 드라마, 영화를 살펴보면, 하나같이 '보물'은 남들이 잘 찾지 못하는 곳에 꼭꼭 숨겨져 있다. 이러한 내용을 자주 접하게 되면, '보물은 남들이 잘 찾지 못하는 곳에 꼭꼭 숨겨져 있다.'는 편견이 자신도 모르는 사이에 생긴다. 지원이도 '보물이니까, 꼭꼭 숨겨져 있을 거야.'라는 편견을 자신도 모르는 사이에 갖게 됐고, 소풍날 '보물찾기'도 마찬가지일 것이라고 판단했다.

이처럼 편견을 갖고 사실을 판단하게 되면 '생각의 함정'에 빠지기 쉽다. 생각의 함정은 여러 가지 유형으로 나눌 수 있는데, 어떤 유형이 있는지 잘 알아 두면 자신의 생각이 옳은지, 그른지를 판단하는 데 도움이 된다. 생각의 함정의 유형은 다음과 같다.

첫째, 편견을 갖고 사실 판단하기

앞의 '보물찾기'가 바로 이 유형의 예에 해당한다. '보물은 꼭꼭 숨겨져 있다.'는 편견으로 소풍날에 찾는 '보물'도 마찬가지라고 판단한다.

둘째, 사실을 과장*하기

말 그대로 사실을 있는 그대로 판단하지 않고, 과장하는 유형이다. 예를 들어, 원래는 감기에 걸려서 열이 나는 것뿐인데 '이렇게 열이 나는 걸 보니 난 죽고 말 거야.'라고 과장해서 생각하는 것이다.

셋째, 자책*하기

사실을 객관적으로 판단하지 않고, 자신의 주위에서 벌어지는 모든 일들을 '내 탓'이라고 여기는 유형이다. 무조건 '내 탓'이라고 여기고 자책하다 보면, 문제는 해결되지 않고 자신감만 떨어지게 된다.

넷째, 감정적, 충동적*으로 판단하기

모든 일을 감정적이고 충동적으로 판단하는 유형이다. 모든 일을 감정적이고 충동적으로 판단하다 보면, 지금 당장 눈에 띄지 않는 문제가 나중에 크게 발생할 수 있다. 예를 들어 학교에서 방학 동안 '일기 쓰기' 숙제를 냈다고 하자. '아직 시간도 많이 남았고, 귀찮으니깐 나중에 하지 뭐.'라고 판단하고 일기 쓰기를 하지 않았을 경우, 개학 전날 한꺼번에 밀린 일기를 쓰느라 진땀*을 빼야 할 수도 있다.

다섯째, 자기 생각만 옳다고 여기기

자신의 생각만 옳다고 생각하고, 자신의 생각과 다른 의견은 무시하는 유형이다. 자신의 생각만 옳다고 여기다 보면, 올바른 판단을 할 수 없을 뿐 아니라 주위 사람들과의 관계도 나빠질 수 있다.

여섯째, 논리적인 이유 없이 판단하기

말 그대로 논리적인 이유 없이 어떤 일이나 사람을 판단하는 유형이다. 논리적인 이유가 없으면, 다른 사람들은 여러분의 말을 믿어 주지 않을 것이다.

기억하며 풀기

앞에서 우리는 '생각의 함정'의 여러 가지 유형에 대해 살펴보았다. 어떤 유형이 있는지 잘 알아 두면 자신의 생각이 옳은지 그른지를 판단하는 데 도움이 되기 때문에 잘 기억하자.

1. 다음 생각은 '생각의 함정'의 유형 중, 어디에 속할까?

> **소정이는 수학을 좋아하는 동현이를 이해할 수 없다**

① 편견을 갖고 사실 판단하기   ② 사실을 과장하기

③ 자책하기   ④ 감정적, 충동적으로 판단하기

⑤ 자기 생각만 옳다고 여기기   ⑥ 논리적인 이유 없이 판단하기

2. 다음 생각은 '생각의 함정'의 유형 중, 어디에 속할까?

> **선생님은 나를 싫어한다**

① 편견을 갖고 사실 판단하기   ② 사실을 과장하기

③ 자책하기   ④ 감정적, 충동적으로 판단하기

⑤ 자기 생각만 옳다고 여기기   ⑥ 논리적인 이유 없이 판단하기

3. 다음 생각은 '생각의 함정'의 유형 중, 어디에 속할까?

> 가족의 소중함을 모르는 사람은 동물과도 같다. 우리는 가족을
> 위해 모든 것을 희생*해야 한다

① 편견을 갖고 사실 판단하기   ② 사실을 과장하기

③ 자책하기   ④ 감정적, 충동적으로 판단하기

⑤ 자기 생각만 옳다고 여기기   ⑥ 논리적인 이유 없이 판단하기

'생각의 함정' 반박*하기

생각의 함정에 빠지지 않으려면, 어떤 일에 대한 부정적인 생각을 할 때 그 생각에 대해 꾸준히 반박하는 연습을 해야 한다. 반복적으로 반박하다 보면, 생각의 함정에 빠지지 않을 뿐 아니라, 생각하는 습관도 바꿀 수 있다.

다음 문제를 통해 반박하는 연습을 해 보자. 다음과 같은 상황에서 우리는 어떤 반박을 할 수 있을까?

1. 어떤 반박을 할 수 있을까? (모두 선택)

> 사건 : 오늘 밤에는 나한테 전화하는 친구가 없다
>
> 생각 : 나를 좋아하는 친구가 없다

① 친구가 최근에 산 새 장난감을 주었다

② 친구가 복습을 도와주었다

③ 친구는 요즘 시험 준비로 바쁘다

④ 친구가 나를 위해 생일 파티를 해 주었다

2. 어떤 반박을 할 수 있을까? (모두 선택)

> 사건 : 영어 시험 성적이 나쁘다
>
> 생각 : 내가 최선을 다하지 않았다

① 대부분 학생들의 성적이 나쁘다. 이번 시험이 너무 어려운 것 같다

② 새로 온 선생님은 학생들의 수준*을 몰라서 어렵게 내셨다

③ 시험을 치기 전, 매일 밤 늦게까지 복습하였다

④ 부모님은 내가 영어책 읽는 것을 좋아하지 않는다

● ● ○ **낱말 풀이**

수준 : 사물의 가치나 질 등의 기준
이 되는 일정한 표준이나 정도

3. 일상생활 속에서 체험한 부정적인 생각이나 행동에 대해 반박을 해 보자.

• 어떤 일이 생겼을까?

• 어떤 생각이 들었을까?

• 어떤 행동을 했을까?

• 어떤 반박을 할 수 있을까?

① '생각의 함정'에 빠지면, 우리는 잘못된 판단을 내릴 수 있다.

② '생각의 함정'의 유형은 다음과 같다.

첫째, 편견을 갖고 사실 판단하기

둘째, 사실을 과장하기

셋째, 자책하기

넷째, 감정적, 충동적으로 판단하기

다섯째, 자기 생각만 옳다고 여기기

여섯째, 논리적인 이유 없이 판단하기

③ 생각의 함정에 빠지지 않으려면, 부정적인 생각을 할 때마다 꾸준히
반박해야 한다.

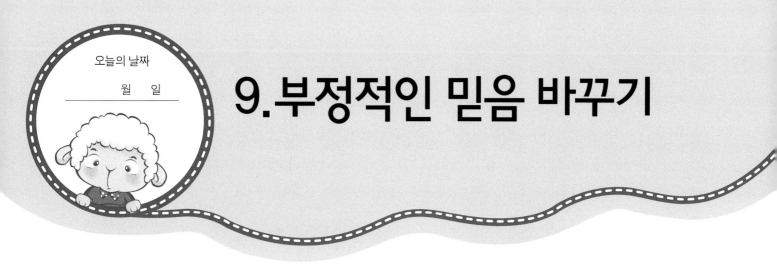

오늘의 날짜

____ 월 ____ 일

9.부정적인 믿음 바꾸기

어떤 생각을 반복해서 하게 되면 그 생각은 '믿음'이 된다. 긍정적인 생각을 계속하면 긍정적인 믿음이 생기고, 부정적인 생각을 계속하면 부정적인 믿음이 생기는 것이다. 그렇다면 부정적인 믿음이 생겼을 때 우리는 이 믿음을 어떻게 바꿀 수 있을까? 여기에서는 부정적인 믿음을 바꾸는 방법에 대해 알아보자.

오늘의
배울거리

나이아가라 폭포 물이 독약이라고?

나이아가라 폭포를 지나가던 어떤 사람이 '목이 말랐던 참에 잘됐다.'고 생각하고, 나이아가라 폭포에서 물을 마셨다. 한참 손으로 물을 떠 마시던 그 사람은 폭포 옆에 세워져 있는 팻말을 발견하고는 까무러칠 정도로 놀라고 말았다.

그 팻말에는 독약이라는 의미의 'POISON'이라는 낱말이 써 있었던 것이다. 갑자기 그는 배가 아파서 견딜 수가 없었고, 결국 팻말 옆에 쓰러지고 말았다. 주위에 있던 사람들은 놀라서 그에게 달려가 그를 흔들어 깨웠다.

"이봐요. 괜찮나요? 얼른 병원에 가야겠어요!"

그러자 그가 힘없는 목소리로 대답했다.

"병원으로 가기 전에 이미 창자*가 다 녹아서 전 죽고 말 거예요."

깜짝 놀란 사람들은 그에게 물었다.

"아니, 뭐가 잘못됐기에 창자가 녹는다는 겁니까?"

사람들의 질문에 거의 죽어 가는 목소리로 그가 대답했다.

"이제 대답할 힘도 없어요. 독약인 폭포 물을 마셨으니 당연히 죽을 거예요."

그 말을 들은 사람들은 일제히 웃음을 터뜨렸다. 그들의 반응에 그는 정색*을

●● ● 낱말 풀이
창자 : 큰창자와 작은창자를 통틀어 이르는 말

부정적인 믿음 바꾸기 **089**

하며 화를 냈다.

"아니! 사람이 죽는다는데 그것이 그렇게 웃을 일입니까?"

그러자 사람들은 그를 진정시키며 말했다.

"영어로 'POISON'은 독약이라는 뜻이지만 불어로는 '낚시 금지'라는 말이에요. 프랑스 사람들이 하도 폭포 옆에서 낚시를 하니까 프랑스 사람들 보라고 적어 놓은 거랍니다."

신기하게도 사람들의 말을 듣고 나자 그의 통증*은 씻은 듯이 사라졌다.

폭포 물을 마신 사람은 'POISON'이라는 팻말을 보고, 독약을 마셨다는 생각에 배가 아프기 시작했다. 독약을 마셨다고 믿어 버리자, 실제 독약을 마신 것과 같은 증상이 나타나는 것이다. 하지만 POISON이 '낚시 금지'라는 말을 뜻한다는 것을 알자 통증이 씻은 듯이 사라졌다. 이처럼 믿음은 정말 큰 힘을 갖는다.

●●●● 낱말 풀이
정색 : 얼굴에 엄정한 빛을 나타냄.
또는 그런 얼굴빛
통증 : 아픈 증세

정확하게
읽기

4분의 기록을 깬 달리기 선수 로저 배니스터

지금으로부터 아주 오래전 일이다. 수많은 과학자와 의사들은 어떤 사람도 4분 이내에 1마일을 달릴 수 없다고 주장했다. 사람의 골격*이나 무게 등 신체 구조상 불가능하다는 것이 그 이유였다. 많은 사람들은 그 주장을 믿었다. 오랜 시간 동안 '4분'이라는 기록을 깬 사람이 없었기 때문이다.

그런데 1954년 5월 6일, 그들의 주장은 한순간에 무너질 수밖에 없었다. 달리기 선수, 로저 배니스터가 1초 차이로 3분 59초 만에 1마일을 달린 것이다. 놀라운 일은 계속 이어졌다. 로저 배니스터가 기록을 세운 날로부터 46일 후, 호주의 달리기 선수 존 런디가 3분 58초라는 새로운 기록을 세웠다.

그 후 1년 동안 37명의 달리기 선수들이 새로운 기록을 세웠고, 이 기록들은 그 다음 해 300여 명의 선수들에 의해 또다시 깨지게 되었다. 그리고 마침내 사람들이 '한계'라고 생각했던 '4분'에 대한 믿음은 무너지게 됐다.

한 번 사람들의 머릿속에 박힌 믿음을 바꾸기란 쉽지 않다. 사람들은 '4분 이내에 1마일을 달릴 수 없다.'는 과학자와 의사들의 말을 굳게 믿었고, 오랜 시간 동안 4분이라는 기록은 깨지지 않았듯이 말이다.

●●●● 낱말 풀이
골격 : 동물의 체형을 이루고 몸을
지탱하는 뼈

이처럼 어떤 일에 대한 강한 믿음은 그 믿음대로 말하고 행동하게 만든다. 그렇기 때문에 '성공'과 같은 긍정적인 믿음을 갖고 있으면, '할 수 있다.'는 생각을 하고 열정적으로 행동하지만, '실패'와 같은 부정적인 믿음을 갖고 있으면, '할 수 없다.'는 생각을 하고 시도[*]도 하기 전에 포기해 버리고 만다.

● ● ● **낱말 풀이**

시도 : 어떤 것을 이루어 보려고 계획하거나 행동함

기억하며
풀기

● ● ● **낱말 풀이**

속박 : 어떤 행위나 권리의 행사를 자유로이 하지 못하도록 강압적으로 얽어매거나 제한함

'믿음'의 힘이 얼마나 큰지 우리는 로저 배니스터의 이야기를 통해 알 수 있다. 우리가 성공하고, 행복하게 살기 위해서는 긍정적인 '믿음'을 가지도록 노력해야 한다.

1. 수많은 과학자와 의사들은 '4분'이라는 기록을 사람의 무엇이라고 믿었을까?

① 장애   ② 사랑   ③ 속박[*]   ④ 한계

2. 다른 선수들이 새로운 기록을 세울 수 있었던 원인은 무엇일까?

① '불가능'이라고 하는 속박에서 벗어났기 때문에

② '불가능'이라고 하는 사실을 깨달았기 때문에

③ '불가능'이라고 하는 장애를 뛰어넘었기 때문에

④ '불가능'이라고 하는 믿음을 무너뜨렸기 때문에

3. 이 이야기를 통해 무엇을 깨달을 수 있을까?

① 믿음은 사람의 과거를 지배한다

② 믿음은 사람의 성격을 지배한다

③ 믿음은 사람의 생각을 지배한다

④ 믿음은 사람의 성공을 지배한다

15센티미터만큼의 생각

한 할아버지가 강가를 산책하다가 이상한 광경을 발견했다. 강에는 낚시를 하는 낚시꾼들이 많았는데 그중 한 명의 행동이 이상했던 것이다. 그는 오른손에는 낚시대를, 왼손에는 15센티미터의 자를 들고 서 있었는데, 잡힌 고기가 자의 길이보다 크면 강에 풀어 주고, 작으면 낚시 망에 담고 있었다.

할아버지가 낚시꾼에게 물었다.

"보통은 큰 물고기를 잡고, 작은 물고기는 풀어 주던데, 자네는 왜 다른 사람들과 반대로 큰 물고기를 풀어 주고, 작은 물고기는 잡고 있는 건가?"

그러자 낚시꾼이 대답했다.

"별 다른 의미는 없어요. 단지, 우리 집에 있는 프라이팬의 지름이 15센티미터이기 때문이죠. 프라이팬보다 더 큰 물고기는 구워 먹을 수 없으니깐 풀어 주는 거예요."

낚시꾼의 대답을 듣고, 할아버지는 쓴웃음을 지으며 말했다.

"허허, 자네는 15센티미터만큼의 생각만 하는구려."

'믿음'은 우리가 믿는 사실을 가리키며, 자신과 주위 사람, 사물에 대한 생각을 말한다. 믿음을 갖는 것은 정말 중요하다. 사람은 어떤 상황이나 사실에 대해 어떤 한 가지 믿음을 갖게 되면, 그 믿음대로 행동하게 되기 때문이다.

이야기 속 낚시꾼은 자신의 집 프라이팬 지름이 15센티미터이므로, '15센티미터보다 큰 물고기는 구워 먹을 수 없다.'고 믿어 버렸다. 그래서 15센티미터보다 큰 물고기는 강에 풀어 주게 된 것이다.

따라서 '어떤 행동을 하느냐.'는 '어떻게 믿느냐.'에 달려 있다고 할 수 있다. 그렇기 때문에 긍정적인 믿음을 갖게 되면 긍정적인 행동을 이끌어 내지만, 부정적인 믿음을 갖게 되면 한 사람의 일생을 파괴*할 정도로 부정적인 행동을 이끌어 낼 수도 있다.

● ● ● 낱말 풀이

파괴 : 때려 부수거나 깨뜨려 헐어 버림

기억하며 풀기

사람은 어떤 상황이나 사실에 대해 어떤 믿음을 갖게 되면 그 믿음대로 행동한다. 때문에 긍정적인 믿음을 갖게 되면 긍정적인 행동을 하지만, 부정적인 믿음을 갖게 되면 부정적인 행동을 한다. 우리가 긍정적인 행동을 하고, 긍정적인 결과를 이끌어 내기 위해서는 긍정적인 믿음을 가져야 한다.

1. 긍정적인 믿음은 어떤 에너지를 가져다줄까? (모두 선택)

① 생기*가 넘쳐흐르게 한다

② 투지*를 잃게 만든다

③ 의욕을 왕성하게 한다

④ 싸우면 싸울수록 용감해지게 한다

⑤ 분발하여 앞으로 나아가게 한다

⑥ 낙관적이고 진취적*으로 만든다

● ● ● **낱말 풀이**

생기 : 싱싱하고 힘찬 기운

투지 : 싸우고자 하는 굳센 마음

진취적 : 적극적으로 나아가 일을
이룩하는 것

2. 부정적인 믿음은 우리에게 어떤 결과를 가져다줄까? (모두 선택)

① 뒷걸음치며 두려워하게 한다

② 일을 하기도 전에 겁먹게 만든다

③ 하늘을 원망하고 남을 탓하게 한다

④ 투지를 잃게 한다

⑤ 우물쭈물하면서 앞으로 나아가지 않고 멈추어 있게 한다

⑥ 한계를 만든다

● ● ● **낱말 풀이**

벼락출세 : 미미하고 보잘것없던
사람이 갑자기 출세함

명성 : 세상에 널리 퍼져 평판 높은
이름

3. 자신의 미래가 가난하게 될 것이라고 믿는다면, 그 결과는 어떻게 될까?

① 벼락출세*한다   ② 명성*을 얻는다

③ 아주 빈곤하게 산다   ④ 큰 복을 받는다

4. 자신이 공부로 성공할 것이라고 믿는다면, 어떤 행동을 보일까?

① 적극적이고 즐겁게 공부한다   ② 노력 및 학습을 게을리한다

③ 원망을 하며 공부한다   ④ 싫증 내며 공부하지 않는다

백화점 왕 페니

어느 마을에 두 아이가 살았다. 그중 한 명은 늘 불평이 많았다. 만약 선생님이 화장실 청소와 같이 하기 싫은 일을 시키면 '왜 이런 쓸모없는 일을 시키는 거야. 이런 일은 시간 낭비야.'라고 생각하곤 했다.

하지만 다른 한 명은 달랐다. 그는 '이런 일을 해야 하는 이유가 분명 있을 거야. 또 이 일을 경험하면서 배울 점도 있을 거야.'라고 생각했다.

이 두 아이가 자라 백화점에 취직을 하게 되었다. 당연히 경영 부서에서 일하게 될 것이라고 생각했는데, 이 둘은 백화점 내의 엘리베이터 안내 업무를 맡게 됐다. 그중 한 명은 어릴 때와 마찬가지로 불평하기 시작했다.

"왜 이런 하찮은 일을 시키는 거야. 이 회사도 별것 없구나."

그는 며칠 내내 불평만 하더니 결국 백화점을 그만 두었다. 하지만 다른 한 명은 이렇게 생각했다.

'이 일을 시키는 데는 분명 이유가 있을 거야. 지금은 그 이유를 잘 모르겠지만, 최선을 다해서 하다 보면 저절로 그 이유를 알 수 있을 거야.'

그는 최선을 다해서 엘리베이터 안내 업무를 했고, 하다 보니 자연스럽게 고객들과 쉽게 만날 수 있어 그들의 구매* 심리를 현장에서 파악할 수 있게 되었다. 그는 얼마 안 있어 부서 책임자가 되었고, 나중에는 최고 경영자가 되었다. 그는 바로 백화점 왕 페니다. 그는 늘 말한다.

"어떤 일이든 믿고, 인내*하면 성공할 수 있다."

어떤 생각을 반복하다 보면, 그 생각은 믿음이 된다. 만약 어렸을 때, '꼼꼼하다.'고 계속 칭찬을 받은 아이는 자기 자신의 꼼꼼함을 믿게 된다. 반대로 어렸을 때, '덜렁거린다.'고 계속 지적을 받은 아이는 자기 자신의 덜렁함을 믿게 된다. 이야기 속 페니는 어렸을 때부터 어떤 일이 닥치면 '반드시 합당한* 이유가 있을 것이고, 그 일을 통해 배울 점이 있다.'고 믿었다. 이러한 믿음 때문에 후에 백화점 왕이 될 수 있었다. 하지만 페니의 친구는 어렸을 때부터 '자신이 하기 싫은 일은 쓸모없는 일'이라고 믿었기 때문에 배움의 진가*를 알아보지 못했다.

● ● ● ● **낱말 풀이**
구매 : 물건 따위를 사들임
인내 : 괴로움이나 어려움을 참고 견딤
합당하다 : 어떤 기준, 조건, 용도, 도리 따위에 꼭 알맞다
진가 : 참된 값어치

기억하며 풀기

어떤 생각을 반복하다 보면, 그 생각은 믿음이 된다. 긍정적인 믿음을 갖고 싶다면, 지금부터 긍정적인 생각을 반복해 보자. 어느새 긍정적인 생각은 믿음으로 바뀌어 긍정적인 행동을 할 수 있도록 도울 것이다.

1. 믿음은 처음에 무엇으로부터 시작될까?

　① 칭찬　　② 생각　　③ 반성　　④ 경험

2. 믿음과 증거는 어떤 관계가 있을까요?

　① 증거가 많을수록 믿음은 더욱 단단해진다

　② 증거가 적을수록 믿음은 더욱 단단해진다

　③ 증거가 많을수록 믿음은 더욱 약해진다

　④ 증거가 많든 적든 믿음은 변하지 않는다

3. 어떻게 하면 믿음이 생길까?

　① 같은 생각을 반복한다　　　　② 다른 생각을 한다

　③ 생각을 하지 않는다　　　　　④ 생각의 차이를 인정한다

실천해 보기

부정적인 믿음 바꾸기

심리학자들의 연구 결과에 따르면 우리의 뇌는 어떤 것이 상상이고, 어떤 것이 현실인지 분별하지 못한다고 한다. 그러므로 우리는 긍정적인 상상을 끊임없이 하면, 부정적인 믿음을 바꿀 수 있다.

만약 여러분의 주위에서 공부, 가족, 친구 등의 문제가 발생했다면, 그 문제를 해결하는 모습을 머릿속에 계속 떠올리자. 상상 속에서 문제가 해결되면, 현실 속에서도 문제가 해결될 것이라는 강한 믿음이 생기게 된다. 그리고 이러한 믿음은 실제로 문제가 해결되도록 돕는다.

그럼 지금부터 여러분 앞에 생긴 문제를 해결하는 상상을 해 보자. 상상을 할 때는 아주 구체적으로 해야 한다. 모양, 소리, 느낌, 맛 모두 놓치지 말자.

'웃고 있는가.', '즐거운가.', '어떤 생각을 하는가.', '무슨 말을 하고 있는가.' 등 끊임없이 상상의 나래를 펼쳐 보자. 그리고 이러한 과정 속에서 문제를 해결한 자신의 모습을 꼭 기억하자.

1. 여러분이 바꾼 부정적인 믿음은 무엇인지 적어 보자. 또 어떤 상상의 과정을 통해 바꿀 수 있었는지 생각해 보자.

2. 어떤 상상의 과정을 통해 바꿀 수 있었는지 적어 보자.

① 우리는 믿는 바를 따라 실행한다.

② 생각은 증거의 지지가 있어야만 믿음으로 변할 수 있다.

③ '믿음'과 '사실'이 같다고는 할 수 없다.

④ 우리는 '상상'을 이용하여 믿음을 지지하는 증거로 삼을 수 있다.

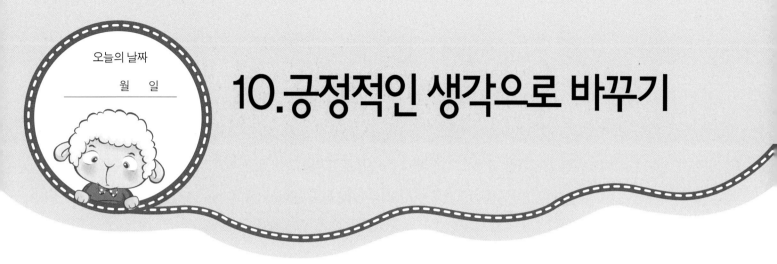

10.긍정적인 생각으로 바꾸기

어떤 사건이 일어났을 때 어떤 관점에서 보느냐에 따라 결과가 크게 달라질 수 있다. 똑같은 사건이라도 긍정적인 관점으로 보면 긍정적인 일이 되고, 부정적인 관점으로 보면 부정적인 일이 된다. 그렇다면 우리는 어떤 관점으로 보는 게 좋을까? 여러 가지 이야기를 읽으면서 한번 생각해 보자.

오늘의 배울거리

시인이 된 죄수와 정신병원에 입원한 죄수

죄를 지어 감옥에 가게 된 두 사람이 있었다. 같은 감옥에서 몇 년을 함께 지냈지만, 감옥 안에서 두 사람의 모습은 전혀 달랐다.

한 사람은 언제나 하늘을 쳐다보며 시를 지었다.

"저, 반짝이는 별을 봐! 자유로울 때는 관심도 없었는데 이렇게 갇혀 살다 보니 비로소 이 세상의 아름다움을 깨닫게 되는구나!"

그는 하늘에 반짝이는 별을 볼 때나, 하늘에 떠가는 하얀 구름을 볼 때나 늘 아름다운 세상에 대해 예찬*했으며 시를 짓는데 몰두했다.

그러나 다른 한 사람은 언제나 땅만을 바라보며 한숨을 푹푹 쉬었다.

"이렇게 갇혀 사는데, 별 따위가 지금 무슨 소용이야. 숨이 턱턱 막히는 이곳에서 난 미쳐 버릴 것만 같아!"

그는 늘 원망과 불만에 가득 찬 욕설을 퍼 부었다. 그리고 끝없이 자신을 자학*하며 하루하루를 보냈다.

그러던 중 두 사람은 출옥*을 하게 되었고 얼마 동안의 시간이 흘렀다.

하늘을 보며 아름다운 시를 짓던 사람은 자신의 시집을 출간했고, 결국 시인

● ● ●　낱말 풀이

예찬 : 훌륭한 것, 좋은 것, 아름다운 것을 존경하고 찬양함

자학 : 자기를 스스로 학대함

출옥 : 형기를 마치고 감옥에서 석방되어 나옴

이 되었다. 하지만 땅을 바라보며 자학하던 사람은 결국 정신병원에 입원하고 말았다.

앞의 이야기에서 두 사람은 똑같이 감옥에 갇혔지만, 한 사람은 시인이 된 반면에 다른 사람은 정신병원에 입원을 하게 됐다. 이처럼 똑같은 사건, 똑같은 환경 속에서도 전혀 다른 결과가 빚어지기도 하는데 이는 사건이나 환경을 대하는 생각과 태도가 사람들마다 다르기 때문이다. 그렇기 때문에 성공하기 위해서는 어떤 일이든 자신에게 도움이 되는 방향으로 생각하여야 한다.

정확하게
읽기

행운인지 불행인지 누가 알겠소?

옛날에 아들 한 명과 말 한 필*을 가진 농부가 살았다. 어느 날 농부의 말이 영문 없이 달아나 버렸다. 그러자 이웃들이 와서 농부를 위로했다.

"말이 달아나다니 정말 운이 없군요."

그러나 농부는 이웃들의 위로에 담담하게 대답했다.

"행운인지 불행인지 누가 알겠소? 좀 더 지켜봐야죠."

몇 달이 지난 후, 농부의 말이 집으로 돌아왔다. 그런데 혼자 돌아온 것이 아니라 다른 말 한 필을 데리고 돌아왔다. 이웃들은 농부를 축하하러 와서 다음과 같이 말했다.

"원래 말도 돌아오고, 거기에 말 한 마리가 더 생겼으니 정말 운도 좋군요."

그러자 농부는 여전히 담담하게 대답했다.

"행운인지 불행인지 누가 알겠소? 좀 더 지켜봐야죠."

그러던 어느 날, 농부의 아들이 따라온 말을 길들이려다가 말에서 떨어져서 다리가 부러지고 말았다. 이웃들이 와서 농부를 위로했다.

"이를 어쩌면 좋아요. 이런 불행한 일이 생기다니!"

그러자 농부가 담담하게 말했다.

"행운인지 불행인지 누가 알겠소? 좀 더 지켜봐야죠."

그 후로 1년이 지났다. 나라에는 전쟁이 일어났고, 군인들은 농부의 마을에 와서 건강한 젊은이들을 모두 전쟁터로 데리고 갔다. 그러나 농부의 아들은 다

● ● ● 낱말 풀이
필 : 말이나 소를 세는 단위

리가 부러졌기 때문에 전쟁터로 끌려가지 않았고, 집에 남아 농부와 편안하게 여생*을 보낼 수 있었다.

앞의 이야기 속에서 남들은 모두 '불행'이라고 생각하는 일에 대해 농부는 "불행인지 행운인지 더 지켜봐야 한다."고 말하고 있다. 사실 농부의 말처럼 우리 앞에 닥치는 일은 '행운', '불행'으로 딱 잘라 말하기 어렵다. 지금은 불행이라고 여겨지는 일이 나중에 행운으로 다가올 수도 있기 때문이다.

따라서 여러분 앞에 안 좋은 일이 닥쳤을 때, 미리 좌절할 필요는 없다. 당장은 불행하다고 생각할 수도 있지만, 이 일이 나중에 행운을 가져올 수 있기 때문이다.

● ● ● **낱말 풀이**

여생 : 앞으로 남은 인생

기억하며 풀기

여러분 앞에 안 좋은 일이 생겼다고 해서 미리 좌절하고 슬퍼하지 말자. 그리고 그 일을 기회로 생각하고 노력하자. 그럼 그 일이 오히려 '행운'을 가져다줄 수도 있다.

1. 농부의 아들은 왜 전쟁터로 나가지 않았을까?

　① 군대가 없기 때문에　　　　② 다리가 부러졌기 때문에

　③ 말이 없기 때문에　　　　　④ 그가 원치 않았기 때문에

2. 농부는 주위에서 일어난 사건에 대해 어떤 반응을 보였을까? (모두 선택)

　① 불행이라고 생각하면 꼭 불행이 온다

　② 행운이라고 생각하면 꼭 행운이 온다

　③ 불행이라고 생각하면 행운이 오지 않는다

　④ 행운이라고 생각해도 불행이 올 수 있다

　⑤ 행운이라고 생각하면 불행이 오지 않는다

　⑥ 불행이라고 생각해도 행운이 올 수 있다

3. 여러분 주위에 안 좋은 일이 생겼을 때, 어떻게 생각하면 좋을까?

① 행운이 곧 올 것이다   ② 행운은 오지 않을 것이다

③ 불행은 불행을 몰고 온다   ④ 불행이 곧 올 것이다

정확하게
읽기

금주* 운동을 펼치는 형과 알코올 중독자가 된 동생

옛날에 어느 마을에 형과 동생이 살고 있었다. 이 형제의 아버지는 심각한 알코올 중독자여서 매일 저녁 술에 취해 집에 들어왔다.

"또 술이 떡이 돼서 들어왔잖아. 정말 내가 못 살아!"

어머니는 술에 취한 아버지를 향해 고함을 질러 댔다. 매일 저녁만 되면, 그야말로 집은 전쟁터를 방불케 할 만큼 시끌벅적했다.

20년 후, 형과 동생은 똑같이 어른이 되었다. 형은 의과 대학의 유명한 교수가 되어 금주 운동을 펼치고 있었다. 어느 날, 금주 운동에 대해 취재를 하러 온 기자가 형에게 물었다.

"이렇게 금주 운동을 벌이게 된 이유가 있나요?"

그러자 형은 대답했다.

"아버지 때문입니다. 아버지는 심각한 알코올 중독자였습니다. 매일 술에 취해 들어오는 아버지를 보고 술이 건강뿐 아니라 가정 환경에도 안 좋은 영향을 미친다는 사실을 깨달았습니다. 그래서 나중에 어른이 되면 꼭 금주 운동을 펼치겠다고 다짐했습니다."

한편, 형과는 반대로 동생은 알코올 중독자가 되어 병원에 입원해 있었다. 동생을 치료하는 의사가 동생에게 물었다.

"왜 술을 마시게 됐죠?"

그러자 동생이 대답했다.

"아버지 때문이에요. 아버지가 매일 술을 마시고 들어오니까 자연스럽게 술을 접하게 됐죠. 정신을 차리고 보니 저도 아버지처럼 알코올 중독자가 되어 있네요."

● ● ● **낱말 풀이**
금주 : 술을 마시지 못하게 함. 술을 마시던 사람이 술을 먹지 않고 끊음

어떤 사건이나 사실 자체에는 좋고 나쁨의 구별이 없다. 우리 스스로가 그 사

건이나 사실에 '좋다.' 혹은 '나쁘다.'와 같은 의미를 달아 준 것이다.

앞의 이야기 속의 형과 동생은 알코올에 중독된 아버지 밑에서 똑같이 자랐지만, 형은 의사가 된 반면에 동생은 알코올 중독자가 되었다. 형의 입장에서는 '알코올 중독자 아버지' 덕분에 의사가 되고 금주 운동까지 벌이게 됐지만, 동생의 입장에서는 '알코올 중독자 아버지' 때문에 알코올 중독자가 되고 만 것이다. 이처럼 어떤 각도로 해석하느냐에 따라 좋은 일이 될 수도 있고 나쁜 일이 될 수도 있다.

만약 여러분이 과거에 저지른 잘못을 마음에 두고 안타까워만 하고 있다면 앞으로는 어떤 사건이나 사실을 접했을 때 긍정적인 관점*과 각도로 바라보는 연습을 해 보자. 그리고 그 잘못을 통해 배운 교훈을 바탕으로 더 나은 삶을 꿈꾸자.

● ● ● 낱말 풀이
관점 : 사물이나 현상을 관찰할 때, 그 사람이 보고 생각하는 태도나 방향 또는 처지

기억하며
풀기

● ● ● 낱말 풀이
후퇴 : 뒤로 물러남
전진 : 앞으로 나아감

어떤 일이 벌어졌을 때, 그 일을 긍정적으로 바라볼지 부정적으로 바라볼지 결정하는 것은 여러분의 몫이다. 어떤 각도로 해석하느냐에 따라 좋은 일이 될 수도 있고, 나쁜 일이 될 수도 있다.

1. 나폴레옹은 부대가 후퇴*하는 것을 긍정적인 관점으로 바라보았다고 한다. 다음 중 나폴레옹이 부하들에게 한 말은 무엇일까?

　① 우리는 후퇴하지 않는다. 방향을 바꾸어 전진*할 뿐이다

　② 우리는 방향을 바꾸어 적군을 맞이할 뿐이다

　③ 우리는 잠시 방향을 바꾸어 뒤에서 적군을 바라볼 뿐이다

　④ 우리는 잠시 방향을 바꾸어 후퇴할 뿐이다

2. 에디슨은 전등 실험에서 3,000회나 실패한 것에 대해 긍정적인 관점으로 바라보았다고 한다. 다음 중 에디슨이 한 말은 무엇일까?

① 나는 한 번도 실패하지 않았다. 실행할 수 없는 3,000개의 경험을 했을 뿐이다

② 나는 한 번도 실패하지 않았다. 실행할 수 없는 3,000개의 방법을 발견했을 뿐이다

③ 나는 한 번도 실패하지 않았다. 실행할 수 없는 3,000개의 전등을 만들었을 뿐이다

④ 나는 한 번도 실패하지 않았다. 실행할 수 없는 3,000개의 순서를 발견했을 뿐이다

실천해 보기

긍정적인 의미 찾아보기

지금 이 순간에도 우리는 수많은 일을 경험한다. 만약 자신에게 안 좋은 일이 닥쳤을 때, 부정적인 관점에서 바라보면 그 일은 한없이 나쁜 일이 될 수도 있지만, 긍정적인 관점에서 바라보면 이번 기회를 통해 더 잘할 수 있는 발판이 될 수도 있다.

앞으로는 어떤 일이 닥쳤을 때, 그 일의 긍정적인 의미가 무엇일지 곰곰이 생각하는 연습을 해 보자. 연습을 통해 여러분은 자연스레 긍정적으로 바라보는 관점이 생길 것이다.

1. 다음 사건을 통해 어떤 긍정적인 의미를 발견할 수 있을까?

> 친구는 집에 같이 가자는 나의 부탁을 거절했다

① 친구는 나를 싫어한다

② 나보다 다른 친구를 더 좋아한다

③ 친구는 늘 내 부탁만 거절한다

④ 친구에게 일이 생겼을 것이다

2. 다음 사건을 통해 어떤 긍정적인 의미를 발견할 수 있을까?

> 자전거를 타고 가다가 다른 사람과 부딪혀 자전거가 망가졌다

① 부딪힌 사람을 욕한다

② 부딪힌 사람에게 욕을 먹었다

③ 난 늘 운이 없다

④ 걸어 다닐 수 있게 되었으니 건강해질 것이다

3. 다음 사건을 통해 어떤 긍정적인 의미를 발견할 수 있을까?

> 큰 병을 앓고 일어났다

① 나의 무지*를 깨달았다

② 건강의 소중함을 알았다

③ 큰 병의 고통을 알았다

④ 병원 요금이 비싸다는 것을 알게 되었다

• • • **낱말 풀이**
무지 : 아는 것이 없음

4. 다음 사건을 통해 어떤 긍정적인 의미를 발견할 수 있을까?

> 선생님이 나한테 크리스마스 모임 준비를 도와달라고 한다

① 운이 좋지 않다

② 선생님은 불공평하다

③ 선생님의 능력이 부족하다

④ 선생님은 내 능력을 좋게 평가해 주신다

5. 다음 사건을 통해 어떤 긍정적인 의미를 발견할 수 있을까?

> 나를 좋아하지 않는 사람과 짝꿍이 되었다

① 짝꿍을 친구로서 받아들이기 위해 노력한다

② 학교에 가기 싫다고 생각한다

③ 짝꿍 입장에서는 내가 거슬릴 것이라고 생각한다

④ 나쁜 일을 많이 해서 벌을 받았다고 생각한다

6. 여러분 앞에 어떤 일이 닥쳤을 때, 그 일에 대한 긍정적인 의미를 찾아보자.

• 어떤 일이 생겼는지 적어 보자.

• 긍정적인 의미를 찾아보자.

머릿속에
넣기

① 모든 사건은 그것을 어떻게 해석하느냐에 따라 그 의미가 달라진다.

② 사건 속에서 긍정적인 의미를 찾으려고 노력해야 한다.

③ 성공하기 위해서는 어떤 일이든 자신에게 도움이 되는 방향으로
생각해야 한다.

11.우리는 현재를 살고 있다!

우리는 이미 벌어진 일이나 아직 생기지도 않은 일에 대해 걱정을 하곤 한다. 하지만 우리가 살아가는 건 지금 이 순간, 바로 '현재'다. 따라서 우리는 과거의 일과 미래의 일을 걱정하는 데 시간 낭비할 것이 아니라 현재를 잘 살아갈 수 있도록 노력해야 한다. 여기에서는 현재를 살아가는 것의 중요성에 대해 알아보자.

오늘의
배울거리

늘 후회하는 소년

옛날에 한 소년이 살았다. 소년은 늘 숙제를 해 오지 않아 매일 학교에서 선생님한테 혼이 났다. 혼이 날 때마다 소년은 생각했다.

'어제로 다시 돌아가고 싶어. 그럼 꼭 숙제를 해 올 텐데.'

하지만 후회하는 것은 잠시였다. 하루가 지나면, 소년은 또 숙제를 하지 않아 선생님한테 혼이 났다.

시간이 흘러 소년은 취직을 해야 할 나이가 되었다. 소년은 이 회사, 저 회사 면접*을 보러 다녔지만, 어릴 때부터 해야 할 일을 성실히 하지 않았던 소년을 받아 주는 회사를 찾기란 하늘의 별 따기였다. 그러던 중 소년은 아주 조그마한 회사에 간신히 취업을 할 수 있었다. 소년은 생각했다.

'어렸을 때로 다시 돌아가고 싶어. 그럼 이런 조그마한 회사에 다니고 있지는 않을 텐데.'

소년은 항상 과거에 했던 자신의 잘못을 후회했지만, 후회만 할 뿐 그것을 바꾸려는 노력은 하지 않았다.

시간이 흘러 소년은 노인이 되었다. 젊었을 때 후회만 하던 소년은 노인이 된

● ● ● **낱말 풀이**

면접 : 서로 대면하여 만나 봄

지금, 해 놓은 것이 하나도 없는 처지*에 놓였다. 소년은 생각했다.

'5년만 젊었어도, 아니 1년만 젊었어도 이 모양 이 꼴은 아닐 텐데.'

만약 소년이 과거에만 얽매어 살지 않았다면, 노인이 되어서도 후회만 하는 일은 없었을 것이다. 과거는 이미 지나간 역사에 불과하고 다시는 돌아오지 않는다. 즉 존재*하지 않는 것이라고 할 수 있다.

미래 또한 마찬가지다. 아무리 아름답다거나 고통스럽다고 해도 미래는 아직 여러분 앞에 찾아오지 않았다. 때문에 미래 역시 존재하지 않는 것이라고 할 수 있다.

그렇다면 지금 여러분 앞에 존재하고 있는 것은 무엇일까? 바로 '현재'다. 여러분이 살고 있는 것은 과거와 미래가 아닌 현재이며, 현재를 행복하고 열심히 살아야 미래도 행복해질 수 있다.

● ● ● ● **낱말 풀이**
처지 : 처하여 있는 사정이나 형편
존재 : 현실에 실제로 있음

앞을 봐!

한 젊은이가 외줄 타기 명수를 찾아가 재주를 배우려고 하였다. 몇 달 동안 기술을 연마*한 젊은이에게 스승이 말했다.

"자, 이제 기본적인 기술은 다 가르쳤다. 이제 실제로 외줄 위를 걸어 보도록 해라."

땅 위에는 보호망이 설치되어 있었지만, 처음으로 몇 십 척* 높이의 외줄 위에 올라간 젊은이는 두려운 마음에 벌벌 떨었다.

몇 발자국 움직인 후, 젊은이는 자신도 모르게 아래를 내려다보게 되었다.

'아! 아찔해서 머리가 아파. 다리도 떨려 오고. 이러다 떨어지면 어떡하지?'

젊은이는 밑을 보면 볼수록 아찔한 높이에 두려워졌고, 다리 떨림도 심해졌다. 떨리는 다리로 한 발자국 내딛다 젊은이는 하마터면 중심을 잃고 떨어질 뻔했다. 바로 그때였다. 스승이 큰 소리로 외쳤다.

"앞을 봐!"

그 말에 젊은이는 다시 자신감을 얻고 평형*을 유지할 수 있었다.

주위에 있는 물건 하나를 손으로 집어 보자. 연필도 좋고, 필통도 좋다. 집었다

● ● ● ● **낱말 풀이**
연마 : 학문이나 기술 따위를 힘써 배우고 닦음
척 : 길이의 단위. 한 자는 한 치의 열 배로 약 30센티미터에 해당한다
평형 : 사물이 한쪽으로 기울지 않고 안정해 있음

면, 여러분의 눈에 닿을 정도로 물건을 가까이 해 보자. 아마도 그 물건의 전체 모양이 한눈에 들어오지 않을 것이다.

그럼 이제, 팔을 쫙 펼쳐 그 물건을 보자. 그 물건의 모양, 특징 등이 한눈에 들어올 것이다.

사실 우리는 가까운 사물일수록 더 잘 보일 거라고 생각하지만, 오히려 가장 가까운 것은 못 보는 경우가 많다. 따라서 우리는 우리에게 가장 가까운 '현재'를 보지 못하고, 과거와 미래에 얽매어 살기도 한다. 하지만 과거, 현재, 미래 중에 가장 중요한 것은 현재다. 여러분은 과거, 미래가 아닌 현재를 살고 있기 때문이다.

기억하며 풀기

눈앞에 보이는 것만 보려고 해서는 안 된다. 때로는 눈앞에 보이지 않는 것이 정말 중요할 때도 있기 때문이다. '현재'가 바로 그러하다. 눈앞에 잘 보이지는 않지만, 과거와 미래보다 더욱 중요한 것이 현재다.

1. 젊은이가 외줄에 올랐을 때 어떤 마음이었을까?

① 어떠한 재주도 부리지 못했다

② 대단히 기뻐했다

③ 남보다 못함을 스스로 부끄러워했다

④ 두려워서 벌벌 떨었다

2. 젊은이가 아래를 내려다본 후 어떤 결과가 일어났을까?

① 꿈을 잃었다　　　　　② 의욕을 잃었다

③ 평형을 잃었다　　　　④ 의지를 잃었다

3. 이 이야기에서 무엇을 깨달을 수 있을까?

　　① 당황하면 그 어떤 일을 해내는 데 장애가 될 수 있다.

　　② 집중력을 발휘하여 눈앞의 일을 잘해야 하다.

　　③ 숙련[*]된 기술을 바탕으로 일을 시작해야 한다.

　　④ 무슨 일이든 스승의 가르침을 따라야 한다.

● ● ● 낱말 풀이

숙련 : 연습을 많이 하여 능숙하게
익힘

**정확하게
읽기**

억척같이 돈만 번 불행한 아이

옛날에 부자가 되고 싶은 한 아이가 살았다. 아이는 늘 '어떻게 하면 돈을 벌수 있을까?'에 대해서만 고민했고, 돈 버는 일이라면 좋은 일이든 나쁜 일이든 마다하지 않았다.

봄에는 꽃구경 하러 놀러 가는 친구들을 뒤로 한 채, 마구간[*] 청소를 하며 돈을 벌었다. 여름에는 계곡에서 물장구치는 친구들을 뒤로한 채 구두닦이를 하며 돈을 벌었다. 가을과 겨울에도 마찬가지였다. 단풍 구경, 눈싸움을 하는 친구들을 뒤로한 채 아이는 돈을 벌었다.

세월이 흘러 아이는 노년의 나이가 되었다. 그리고 자신의 바람대로 엄청난 부자가 되었다. 하지만 꿈을 이루었음에도 불구하고 아이는 행복하지 않았다. 아이가 억척같이 돈을 버는 동안 친구들이 모두 떠나갔기 때문에 꽃구경, 단풍 구경을 함께 할 사람이 없었다. 그리고 계곡에서 물장구치고, 눈싸움을 하기에는 너무 늙어 버리고 말았다.

이야기 속 아이는 '부자가 될 것이다.'라는 꿈에 너무 집착한 나머지, 그때 당시에 즐길 수 있는 꽃구경, 단풍 구경, 물장구 놀이, 눈싸움 등을 못 하고 자랐다. 결국 미래에 집착하는 바람에 현재를 살지 못했던 것이다.

'현재를 산다.'는 것은 지금 하고 있는 일에 전념[*]한다는 뜻이다. 성공과 실패에 급급해 하지 않고, 눈앞의 도전 과제에만 몰입한다는 의미인 것이다. 또한 과거와 미래라고 하는 무거운 짐을 내려놓고, 일분일초에 몰입하는 것이다. 인생의 일분일초는 유일한 것이기 때문이다. 현재의 순간을 아껴야만 아름다운 미래를 창조할 수 있다.

● ● ● 낱말 풀이

마구간 : 말을 기르는 곳

전념 : 오직 한 가지 일에만 마음을 씀

기억하며
풀기

'공부도 때가 있다.'는 말을 들어 본 적이 있을 것이다. 공부뿐 아니라 사랑, 여행 등 그때가 아니면, 할 수 없는 것들이 있다. 여러분에게도 지금이 아니면 할 수 없는 일이 있을 것이다. 그런 것들을 놓치지 않도록 주의하자. '카르페 디엠'이라는 말이 있다. '현재를 즐겨라.'라는 뜻의 라틴어인데, 여러분도 이 말처럼 현재를 즐길 수 있었으면 좋겠다.

1. '현재를 살고 있다.'는 것은 어떤 의미일까? (모두 선택)

① 현재의 매 순간을 소중히 여긴다

② 지금 하고 있는 일에 몰입한다

③ '과거'와 '미래', 두 짐을 내려놓는다

④ 성공과 실패만 생각한다

⑤ 꿈을 위해서는 지금 당장 할 수 있는 일을 포기한다

2. '현재를 살고 있다.'는 말의 의미는 무엇일까?

① 모든 것을 잊는다

② 과거를 잊고 미래도 잊는다

③ 과거를 잊고 현재도 잊는다

④ 현재를 잊고 미래도 잊는다

3. '현재를 살고 있으면' 어떤 좋은 점이 있을까? (모두 선택)

① 마음이 평화로워진다

② 과거 때문에 근심*하지 않는다

③ 미래를 걱정하지 않는다

④ 지금 이 순간을 즐긴다

⑤ 앞으로 일어날 일에 대해 고통스러워하지 않는다

● ● ● **낱말 풀이**
근심 : 해결되지 않은 일 때문에 속을 태우거나 우울해 함

실천해
보기

현재를 살기 위해서 어떻게 해야 할까?

다음은 우리가 일상생활 속에서 흔히 하는 행동이다. 현재를 살기 위해 다음과 같은 행동을 할 때 어떻게 해야 할지 생각해 보자.

1. 어떻게 해야 할까?

식사를 할 때

① 꼼꼼하게 음식물의 색깔, 냄새, 맛을 느낀다

② 다른 사람이 밥 먹는 자세를 관찰한다

③ 그릇을 유심히 관찰한다

④ 텔레비전을 열심히 본다

2. 어떻게 해야 할까?

이를 닦을 때

① 라디오를 열심히 듣는다

② 어제 한 일들을 생각한다

③ 칫솔과 이빨의 접촉*에 유의한다

④ 어떤 브랜드의 칫솔을 쓰는가에 유의한다

● ● ● 낱말 풀이
접촉 : 서로 맞닿음

3. 어떻게 해야 할까?

길을 건널 때

① 공기에 주의한다

② 기온에 주의한다

③ 길가의 사람을 조심한다

④ 차를 조심한다

4. 어떻게 해야 할까?

공부를 할 때

① 지금 하고 있는 공부에 몰입한다   ② 아직 남은 공부에 몰입한다

③ 이미 한 공부를 생각한다   ④ 이제 해야 할 공부를 생각한다

5. 어떻게 해야 할까?

높은 산에 오를 때

① 산꼭대기를 본다   ② 여러분이 걷는 산길을 본다

③ 산 옆을 본다   ④ 산 아래를 본다

실천해 보기

현재를 사는 연습을 하자!

만약 우리가 과거를 고민하지 않고, 앞으로 생길 일을 예측하지 않는다면, 우리의 마음은 평온을 찾게 될 것이다. 지금부터 긴장을 풀고 호흡을 가다듬자. 그런 다음 두 눈을 감고 마음속으로 1부터 200까지 세어 보자.

• 200까지 세는 도중에 딴 생각이 들었다면, 처음부터 다시 시작하자.

• 200까지 세는 과정에서 느낀 점을 적어 보자.

머릿속에 넣기

① 현재를 행복하게 살아야 미래도 행복해질 수 있다.

② 과거에 대한 미련과 후회 속에서 살면, 지금 내 앞에 찾아온 행복을 발견하지 못할 수도 있다.

③ '현재를 산다.'는 것은 지금 하고 있는 일에 전념한다는 뜻이다.

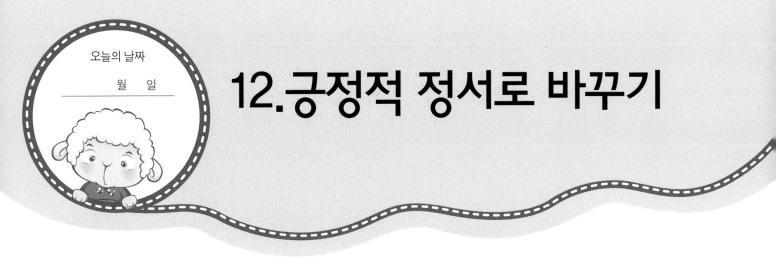

12.긍정적 정서로 바꾸기

같은 장소, 같은 음식이라도 어떤 사람은 좋은 감정을 느끼는 반면 어떤 사람은 나쁜 감정을 느낀다. 과거의 경험이 좋았으면 훗날에 좋은 감정이 생기고, 과거의 경험이 나빴으면 나쁜 감정이 생기는 것이다. 그렇다면 한 번 생긴 나쁜 감정은 바꿀 수 없을까? 안 좋았던 감정, 기억을 좋은 감정, 기억으로 바꾸는 방법에 대해 알아보자.

오늘의 배울거리

자라 보고 놀란 가슴 솥뚜껑 보고 놀란다!

옛날에 어느 마을에 엄청 겁이 많은 겁돌이가 살았다. 겁돌이는 특히 어둠을 무서워했다. 어렸을 때 밤에 잠을 자는데 집에 강도가 들었던 적이 있기 때문이다. 그때 어둠 속에서 겁돌이를 위협*하는 강도의 모습을 겁돌이는 잊을 수가 없다.

그러던 어느 날, 겁돌이는 엄마 심부름으로 산 너머에 있는 사촌 형네 집에 갔다가 저녁 늦게 집에 돌아가게 되었다. 겁돌이는 부들부들 떨며 어둑어둑한 산길을 걷고 있었다. 그때였다. '쉭!' 하고 정체* 모를 물체가 겁돌이 옆을 지나갔다.

'엄마야! 어쩌면 좋아. 강도 아냐?'

겁돌이는 겁이 나서 한 발자국도 움직일 수 없었다. 슬그머니 곁눈질로 보니, 겁돌이 옆을 지나간 것은 조그마한 다람쥐였다. 가슴을 쓸어내린 겁돌이는 다시 산길을 걷기 시작했다.

한참을 걸었을까? 뒤에서 누군가가 겁돌이의 어깨를 '확!' 잡았다.

그 순간 겁돌이는 공포심이 심해져 기절하고 말았다.

● ● ● 낱말 풀이

위협 : 힘으로 으르고 협박함

정체 : 참된 본디의 형체

뒤에서 겹돌이의 어깨를 잡은 것은 사촌 형이었다. 밤길을 걱정한 사촌 형이 겹돌이를 데려다 주기 위해 부랴부랴 뒤쫓아 온 것이었다.

우리가 어떤 사물에 대해 느끼는 감정은 처음부터 있던 것이 아니라 보고, 듣고, 느끼는 등의 경험을 통해 만들어진 것이다. 어떤 사물이나 상황에 대해 어떠한 감정이 생기면, 다음에 비슷한 사물을 보거나 비슷한 상황에 닥쳤을 때, 그때 당시 느꼈던 감정이 저절로 나타나게 된다. 겹돌이가 어렸을 때 어둠 속에서 강도를 본 이후로 어둠을 무서워하게 되었듯이 말이다.

정확하게 읽기

파블로프의 종소리

러시아의 생물학자 이반 파블로프는 개를 대상으로 재미있는 실험을 했다. 일단 그는 개들을 가두어 놓고, 하루 동안 먹이를 주지 않았다. 다음 날, 파블로프는 굶주린 개들에게 종소리를 들려준 다음 먹이를 주었다.

이러한 과정을 여러 번 반복한 후, 파블로프는 한 가지 사실을 깨달았다.

'아! 굶주린 개들이 종소리만 들으면 먹이를 주지 않아도 침을 분비*하는구나!'

개들은 '종소리가 들리고 나면, 먹이를 먹을 수 있다.'는 사실을 인식*했고 이 때문에 종소리만 들으면 자기도 모르게 습관처럼 침을 분비한 것이다.

이처럼 '종소리가 들린다.'는 조건*이 주어졌을 때, '침 분비'라는 반응이 자기도 모르게 나타나는 것을 조건 반사라고 한다. 이러한 조건 반사를 자극하는 역할을 하는 것이 '마음의 닻'이다.

만약, 어렸을 때 개한테 물린 적이 있는 사람이라면, 자기도 모르는 사이에 개에 대한 공포가 마음속에 심어졌을 수도 있다. 이때 느끼는 공포가 바로 '마음의 닻'이라고 할 수 있다.

● ● ● 낱말 풀이
분비 : 샘세포의 작용에 의하여 만든 액즙을 배출관으로 보내는 일
인식 : 사물을 분별하고 판단하여 앎
조건 : 어떤 일을 이루게 하거나 이루지 못하게 하기 위하여 갖추어야 할 상태나 요소

'마음의 닻'이라는 단어가 어렵게 느껴질 수도 있다. 쉽게 말하면 어떤 사물이나 상황에 대한
자신의 느낌이나 감정이라고 생각하면 된다.

1. 파블로프가 실험한 개는 어떤 습관이 있나?

① 종소리를 들으면 먹이를 먹고 싶어 한다

② 종소리를 들으면 침이 분비된다

③ 종소리를 들으면 먹이를 먹을 준비를 한다

④ 종소리를 들으면 배가 매우 고프다

2. 개들에게 조건 반사를 일으키는 마음의 닻은 무엇일까?

① 침   ② 종소리   ③ 먹이   ④ 사람

3. 파블로프의 실험을 통해 무엇을 알 수 있을까?

① 습관은 고치기 어렵다

② 침을 분비하는 것은 자연 현상이다

③ 개를 괴롭히면 안 된다

④ 개는 사람의 친구가 되어 준다

⑤ 개는 먹이를 좋아한다

추억에 빠지기

오늘은 사랑이네 가족이 이사 가는 날이다. 사랑이는 짐을 싸다가 서랍 속에
깊숙이 넣어 뒀던 편지 한 통을 발견했다. 작년에 전학 간 희정이가 보낸 편지
였다.

'아! 작년에는 늘 희정이와 함께 다녔었는데…. 내 일을 자기 일처럼 생각해 주
는 친구였지.'

사랑이는 희정이와 함께했던 날에 있었던 일을 떠올리게 되었고, 자연스레 마
음속으로부터 기쁨과 그리움의 감정이 밀려왔다.

희정이에 대한 감정을 추스르고 다시 이삿짐을 싸던 사랑이는 귀가 찢어진 인형을 발견했다. 인형을 보자 사랑이는 갑자기 화가 나면서 슬퍼졌다. 출장을 다녀온 아빠가 사 온 인형이었는데, 동생과 서로 갖겠다고 싸우는 통에 귀가 찢어진 것이다. 사랑이는 동생에 대한 미운 감정이 되살아나는 것 같은 느낌을 받았다.

동생에 대한 미운 감정도 다잡고, 사랑이는 다시 이삿짐을 싸기 시작했다. 이번에는 상자 안에서 손수건 한 장을 발견했다. 손수건에 대한 추억을 곰곰이 떠올리던 사랑이의 눈에서 눈물이 나기 시작했다.

'맞아! 그때 엄마가 동여매* 준 손수건이구나!'

몇 달 전, 사랑이네 가족은 밤을 주우러 산에 간 적이 있다. 한참 밤을 줍고 있던 사랑이는 뱀한테 발을 물리고 말았다. 뱀에 물렸을 때, 사랑이는 너무 놀라서 아프다는 느낌도 받지 못했다. 오히려 엉엉 우는 사람은 엄마였다. 눈물을 뚝뚝 흘리며 손수건을 동여매 주는 엄마를 보고 사랑이는 코끝이 찡해졌었다. 그때 당시를 추억하던 사랑이는 엄마에 대한 사랑과 고마움을 새삼 느낄 수 있었다.

여러분 주위를 한번 둘러보자. 여러분 주위에 있는 물건에는 나름대로의 추억들이 담겨 있다. 이야기 속의 사랑이처럼 말이다.

우리는 우리 주위에 있는 물건들을 보고, 듣고, 만지고, 맛보고, 냄새 맡는 것을 통해 지난 추억을 떠올리곤 한다. 그리고 추억이 떠오르면 그때 당시 느꼈던 감정도 같이 생각난다.

이처럼 물건을 보고 떠오르는 어떤 느낌이나 감정은 좋은 감정이든 나쁜 감정이든 모두 '마음의 닻'이 될 수 있다. 물건 또한 마찬가지로 마음의 닻이 된다. 마음의 닻은 배가 떠내려가지 않도록 고정* 해 주는 배의 닻과 같이, 필요할 때마다 적당한 느낌이나 감정을 찾아내 우리에게 큰 도움을 준다.

● ● ● **낱말 풀이**

동여매다 : 끈이나 새끼, 실 따위로 두르거나 감거나 하여 묶다

고정 : 한곳에 꼭 붙어 있거나 붙어 있게 하다

기억하며 풀기

여러분 주위에 특별한 추억이 담겨 있는 물건이 무엇이 있는지 찾아보자. 그리고 그때 당시를 회상해 보면서 그때 느꼈던 감정도 떠올려 보자.

1. 마음의 닻은 어떤 역할을 할까?

① 필요할 때 적당한 느낌과 감정을 찾아서 도움을 준다

② 행복할 때 아무런 생각을 하지 않도록 도와준다

③ 슬플 때 아팠던 기억을 찾아낸다

④ 즐거울 때 외로운 느낌을 찾아낸다

• • • • **낱말 풀이**

평온 : 조용하고 평안함

2. 공부할 때는 어떤 마음의 닻을 내려야 할까?

① 몰입   ② 평온[*]   ③ 행복   ④ 사랑

3. 슬플 때는 어떤 마음의 닻을 내려야 할까?

① 소극적인 마음   ② 실망한 마음

③ 긍정적인 마음   ④ 공포에 떠는 마음

실천해 보기

마음에 긍정적인 닻을 내리자

살면서 처음 읽은 책이 재미있었던 사람은 다음에 다시 책을 읽을 가능성이 높다. 반면에 처음 읽은 책이 지루했던 사람은 책 자체를 싫어하게 될 가능성이 높다. 이처럼 우리가 어떤 사실이나 상황에 대해 한 번 마음의 닻을 내리면, 다음에 비슷한 상황이 닥쳤을 때도 같은 반응을 보이기 쉽다. 따라서 우리는 마음에 긍정적인 닻을 내리려고 노력해야 한다. 긍정적인 닻을 내리는 순서는 다음과 같다.

첫째, 내가 원하는 긍정적인 느낌을 선택한다. 그 예로는 자신감, 즐거움, 만족감 등이 있다.

둘째, 내가 선택한 느낌을 과거에 받은 적이 있는지 곰곰이 생각해 보고, 그때의 상황과 느낌을 자세히 떠올린다.

셋째, 느낌이 가장 강하게 올 때, 신체의 어느 한 부위(귀, 손, 다리, 볼 등 어디라도 좋다)를 마음의 닻으로 삼고, 10~15초 동안 누른 후, 주먹을 쥐고 'Yes!' 라고 외친다.

넷째, 앞의 순서를 반복하면서 마음의 닻이 갖는 힘을 키운다.

마음의 닻이 갖는 힘이 커지면, 어떤 최악의 상황에서도 마음의 닻을 누르기만 하면 긍정적인 느낌을 불러올 수 있다.

1. 여러분이 마음의 닻으로 삼기 원하는 긍정적인 느낌을 적어 보자.

머릿속에
넣기

① 마음의 닻은 필요할 때마다 적당한 느낌이나 감정을 찾아내 우리에게 큰 도움을 준다.

② 마음의 닻이 갖는 힘이 커지면, 어떤 최악의 상황에서도 마음의 닻을 누르기만 하면 긍정적인 느낌을 불러올 수 있다.

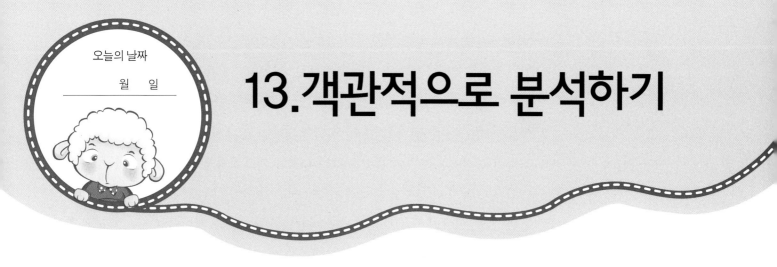

오늘의 날짜

월　일

13.객관적으로 분석하기

감정에 치우치다 보면 사건의 실제 모습을 보지 못하고 잘못 판단하는 경우가 생긴다. 따라서 어떤 문제가 생겼을 때는 감정에 치우치지 않고 객관적으로 분석하는 연습을 해야 한다. 여기에서는 여러 가지 이야기를 통해 어떻게 해야 사건을 객관적으로 분석할 수 있는지 그 방법에 대해 알아보자.

오늘의
배울거리

할머니의 평생소원

깊은 산골에서 평생을 산 할머니 한 분이 있었다. 할머니는 평생 이루고 싶은 소원이 있었다. 그 소원은 죽기 전에 꼭 한 번 서울 구경을 해 보는 것이었다.

서울에 가기 위해서는 기차를 타고 가야 했는데, 주위 사람들로부터 기차가 깜깜한 터널을 지나간다는 말을 듣고 할머니는 서울에 가는 게 두려워졌다. 할머니는 어둠을 무서워했기 때문이다.

그러던 어느 날, 손자가 결혼식을 서울에서 올리는 바람에 부득이하게 할머니는 서울에 가야만 했다. 서울 구경이 평생소원이긴 했지만, 터널에 대한 공포 때문에 할머니는 출발하기 전부터 걱정하기 시작했다.

'터널을 지나가면 무서워서 어떻게 하지? 그냥 지금부터라도 눈을 꼭 감고 있을까?'

할머니는 눈을 질끈 감고 있기로 결심했다. 어젯밤에도 걱정하느라 잠을 제대로 못 잤던 할머니는 눈을 감고 있다 보니 자신도 모르는 사이에 스르륵 잠이 들고 말았다.

그리고 할머니가 잠이 깨어 눈을 떴을 때, 기차는 벌써 서울에 도착해 있었다.

객관적으로 분석하기　119

'내일까지 숙제해야 하는데….', '이제 곧 시험인데….', '친구의 태도가 왜 그렇지? 나한테 화났나?' 등 우리는 하루에도 수많은 걱정을 한다. 하지만 자세히 살펴보면, 우리가 흔히 하는 걱정은 사실 그렇게 대단한 일도 아닐 뿐더러, 그 중 대다수는 아직 일어나지도 않은 일인 경우가 많다.

따라서 걱정이나 고민이 생겼을 때는 감정에 치우치지 말고, 자신의 일이 아닌 남의 일을 보듯이 상황을 파악하는* 게 좋다. 감정에 너무 치우치면, 일을 해결할 수 있는 실마리*가 보이기는커녕 머릿속만 복잡해질 뿐이다.

앞으로는 걱정이나 고민이 생기면, 과학자가 실험을 하는 것처럼 여러분에게 닥친 상황을 분석해 보자. 그러다 보면, 왜 그런 상황이 닥쳤는지 이유도 알 수 있고 어떻게 해결할 수 있는지 방법도 찾을 수 있다.

● ● ● 낱말 풀이
파악하다 : 어떤 대상의 내용이나 본질을 확실하게 이해하여 알다
실마리 : 일이나 사건을 풀어 나갈 수 있는 첫머리

작동하지 않는 냉동 창고에서 얼어 죽은 청년

가만히 있어도 땀이 뻘뻘 나는 어느 무더운 여름이었다. 더위에 지친 한 청년이 숨을 헐떡이며 길을 걷고 있었다. 그러던 중, 청년은 커다란 냉동 창고를 발견하게 되었다.

'냉동 창고 안은 엄청 시원하겠지?'

너무 더워서 견딜 수 없었던 청년은 앞뒤 생각하지 않고 냉동 창고 안으로 들어갔다. 젊은이가 시원함을 한껏 느끼기도 전에, 뒤에서 '철컥' 하는 소리가 들렸다. 뒤돌아보니 냉동 창고 문이 굳게 닫혀 있었다. 놀란 청년은 문으로 달려가 문을 열어 보았다. 하지만 어찌 된 영문인지 냉동 창고 문은 열리지 않았다.

"밖에 아무도 없어요? 여기 안에 사람 있어요. 살려 주세요!"

청년은 문을 두드리며 소리쳤지만, 도와주러 오는 사람은 아무도 없었다. 한참 고함을 지르며 문을 두드리던 청년은 지쳐서 '털썩' 하고 바닥에 주저앉았다.

'나를 구하러 올 사람은 아무도 없어. 점점 내 몸이 얼음으로 변하고 있는 것 같아. 이제 곧 나는 얼어 죽을 거야.'

그 후로 이틀이 지났다. 냉동 창고에서 청년의 시체를 발견한 사람들은 '춥다. 곧 얼어 죽을 것 같다.'고 쓴 청년의 유서*를 읽고 깜짝 놀랐다. 냉동 창고는 작

동이 되지 않고 있었고, 실내 온도는 춥지도 덥지도 않은 딱 알맞은 온도였기 때문이었다.

청년은 '얼어 죽을 것'이라는 지나친 걱정 때문에 감정에 치우쳐 상황을 제대로 판단하지 못했다. 때문에 냉동 창고가 작동이 안되는 것이었음에도 불구하고 죽고 만 것이다.

되돌아보면 우리는 청년처럼 아직 일어나지도 않은 일, 확실하지 않은 일에 대해 미리 걱정부터 하는 경우가 많다. 1980년 미국의 하버드대에서 8,000명의 사람들을 대상으로 그들의 걱정이 무엇인지 조사했는데, 그 결과를 보면 우리가 그동안 얼마나 쓸데없는 걱정을 하고 살았는지 잘 알 수 있다. 그 결과는 다음과 같다.

첫째, 40%의 사람들은 아직 일어나지도 않은 일을 걱정한다.

둘째, 30%의 사람들은 이미 끝난 일을 걱정한다.

셋째, 12%의 사람들은 미래에 자신의 건강이 나쁠까 봐 걱정한다.

넷째, 10%의 사람들은 아주 사소한 일로 걱정한다.

● ● ● 낱말 풀이
유서 : 유언을 적은 글

다섯째, 8%의 사람들은 개인의 능력으로 해결할 수 없는 일을 걱정한다.

기억하며
풀기

'걱정을 사서 한다.'는 말이 있다. 하버드대의 조사 결과에서도 알 수 있듯이, 우리는 평소에 하지 않아도 될 걱정 때문에 괴로워하는 경우가 많다. 앞으로는 고민이나 걱정이 생기면, 너무 감정에 치우치지 말고 객관적으로 보는 연습을 하자.

1. 우리가 미래의 일에 대해 걱정을 하지 말아야 하는 이유는 무엇일까?

① 미래의 일은 예측할 수 없으므로

② 미래의 일은 일어나지 않을 것이므로

③ 미래의 일은 아직 일어나지 않았으므로

④ 미래의 일은 바뀌지 않을 것이므로

2. 다음 중 내가 직접 해결할 수 없는 일은 어떤 것일까? (모두 선택)

    ① 학교에서 내 준 숙제를 하는 것   ② 식습관을 고치는 것

    ③ 세계 전쟁이 일어난 것   ④ 환경이 오염된 것

    ⑤ 범죄 사건이 발생한 것   ⑥ 전염병이 유행하는 것

3. 다음 중 걱정하지 말아야 할 것은 무엇일까? (모두 선택)

    ① 이미 끝난 일   ② 아직 일어나지 않은 일

    ③ 통제할 수 없는 일   ④ 이미 벌어진 일

    ⑤ 일어나지 않을 일   ⑥ 중요하지 않은 일

정확하게 읽기

용서 비는 신하

옛날에 한 신하가 임금님의 신발을 실수로 밟고 말았다. 신하는 놀란 마음에 그 자리에서 사과했다. 하지만 임금님은 그때 당시 다른 신하와 이야기를 하고 있어서 그를 보지 못했다. 집으로 돌아온 신하는 걱정하기 시작했다.

'임금님이 나를 용서하지 않는 것이 아닐까? 그럼 나는 목이 달아나고 말 텐데 우리 가족들은 나 없이 어떻게 살아갈까?'

걱정을 하느라 밤새도록 잠을 이루지 못했던 신하는 다음 날 임금님에게 다시 한 번 잘못을 빌기로 결심했다. 하지만 임금님은 그를 본 척도 하지 않고, 다른 신하와 열띤 토론을 벌였다.

'나를 용서하지 않을 생각인 것 같아.'

신하는 애가 탔다. 그래서 다음 날 임금을 다시 찾아가 애원하기 시작했다.

"임금님, 한 번만 용서해 주세요. 모르고 그랬습니다. 저는 처자식이 있는 몸이라 지금 죽으면 안 됩니다."

신하가 애원을 하자 임금님은 화가 났다. 매일 찾아 와서 이상한 말만 한다고 생각했기 때문이었다.

"이상한 말만 하는 것 보니 미친 게 틀림없구나!"

임금님의 말을 들은 신하는 임금님이 끝까지 용서하지 않는다고 생각하고 절

망에 빠지고 말았다.

우리가 걱정을 하는 대부분의 이유는 상황을 정확하게 보지 못했기 때문이다. 그렇기 때문에 걱정은 또 다른 걱정을 낳고, 결국 끊임없이 걱정을 할 수밖에 없게 된다.

그럼 걱정 속에서 빠져나오기 위해서 어떻게 해야 할까? 영화관에서 영화를 감상하는 관객처럼 자신의 상황을 관객의 입장에서 바라봐야 한다. 자신의 상황을 영화 관람하듯이 머릿속으로 반복 상영*해 보자.

이때 주의해야 할 것은 절대 자신의 일이라고 생각하면 안 된다는 것이다. 한 편의 영화라고 생각하면서 점점 상영 속도를 빠르게 해 보자. 이 과정을 반복하면, 어느 순간 여러분은 걱정할 필요가 없었다는 사실을 깨닫게 될 것이다.

● ● ● 낱말 풀이
상영 : 극장 등에서 영화를 영사하여 공개하는 일

기억하며
풀기

우리가 걱정을 하는 이유는 상황을 정확하게 보지 못했기 때문이다. 상황을 정확하게 판단하기 위해서는 그 상황을 자신의 일이라고 생각하면 안 된다.

1. 관객의 입장에서 상황을 바라보면 자신에게 어떤 영향을 줄까?

① 계속 걱정을 하게 한다   ② 걱정을 덜어 준다

③ 걱정을 더 하게 한다   ④ 다른 걱정을 하게 한다

2. 실패했을 때 걱정을 덜기 위해서 필요한 객관적인 자료는 다음 중 무엇일까?

① 성공한 사람의 출생 배경   ② 성공한 사람의 학식*과 지혜

③ 성공한 사람의 실패한 횟수   ④ 성공한 사람의 영광스런 역사

● ● ● 낱말 풀이
학식 : 학문에 대한 소양

3. 교통사고를 당할까 봐 걱정한다면, 어떤 객관적인 분석을 해 볼 필요가 있을까?

① 교통사고로 인한 사망률을 찾아본다

② 교통사고로 인해 부상 당한 통계를 찾아본다

③ 교통사고를 당할 확률에 대한 통계*를 찾아본다

④ 교통사고를 당한 연령층에 대한 통계를 찾아본다

● ● ● **낱말 풀이**

통계 : 어떤 현상을 종합적으로 한 눈에 알아보기 쉽게 일정한 체계에 따라 숫자로 나타냄

정확하게 읽기

'만약'의 경우만 생각하다 보면 병이 생긴다

어느 날, 작가 아더 골든은 친구인 정신과 의사, 브랜튼 박사를 만나기로 약속했다. 약속 시간보다 일찍 도착한 아더 골든은 박사를 기다리면서 자신의 과거를 생각했다. 그러다 보니 '그때 만약 이렇게 했더라면 좋았을 걸.'이라는 생각을 계속하게 되었다. 약속 장소에 도착한 브랜튼 박사는 생각에 잠긴 아더 골든의 모습을 보고 물었다.

"아더, 무슨 일이 있었던 거야?"

그러자 아더 골든이 대답했다.

"무슨 일이 있는 건 아니고, 단지 여기 앉아서 과거를 생각하다 보니, 만약에 그때 이렇게 했으면 어땠을까, 또 만약 저렇게 했으면 어땠을까 계속 만약의 경우에 대해서만 생각하고 있더라고."

아더 골든의 말을 들은 브랜튼 박사는 들려줄 게 있다며 그를 자신의 사무실로 데리고 갔다. 브랜튼 박사는 아더 골든에게 녹음 테이프를 들려주었다.

"여기에는 세 사람의 말이 녹음되어 있어. 모두 내가 치료한 환자인데 이들의 이야기를 잘 들어 봐."

아더 골든은 약 1시간에 걸쳐 테이프를 다 들었다. 브랜튼 박사는 아더 골든을 바라보며 물었다.

"자, 어때? 그들에게는 공통점이 있지 않던가?"

아더 골든은 대답했다.

"응. 자네의 뜻이 무엇인지 알겠어. 이들은 하나같이 만약, 만약만 늘어놓고

있더군."

브랜튼 박사는 빙그레 웃으며 말했다.

"맞아. 지나간 과거나 아직 오지 않은 미래에 대해 지나치게 걱정하다 보니 병이 생기게 된 걸세. 그러니 자네도 너무 걱정할 필요 없다네."

이야기처럼 우리는 이미 지나간 과거, 아직 오지 않은 미래에 대한 걱정으로 힘들어 하곤 한다. 이러한 걱정은 성공하는 데 방해만 될 뿐 아니라 사고력[*]을 잃어버리게 하고 상황을 더 악화시킨다. 따라서 우리는 걱정을 줄일 필요가 있다. 그럼, 걱정을 줄이려면 어떻게 해야 할까? 그 방법에는 다음 세 단계가 있다.

첫째, '나에게 일어날 수 있는 최악의 경우가 무엇일까?'라고 자기 자신에게 물어 보자.

둘째, 최악의 상황을 해결할 수 있는 방법을 찾아보자. 만약 방법이 있다면 최악의 상황이 일어나기 전에 대비[*]해 놓자.

셋째, 만약 최악의 상황을 해결할 수 있는 방법이 없다면, 그 상황을 있는 그대로 받아들일 준비를 하자. 이 경우 자신의 능력으로는 해결할 수 없기 때문에 걱정할 이유가 없다.

기억하며 풀기

너무 지나친 걱정은 사고력을 잃게 하고, 상황을 더 악화시킨다. 따라서 우리는 걱정을 줄이기 위한 연습을 해야 한다. 앞에서 배운 걱정을 줄이는 방법을 잘 기억해 두자.

1. 내가 지금 걱정하고 있는 것이 어떤 일인지 써 보자. 그리고 그 일로 인해 발생하는 최악의 경우를 생각해 보고, 앞에서 배운 걱정을 줄이는 방법을 적용해 보자.

• 내가 지금 하고 있는 걱정은?

• 발생할 수 있는 최악의 경우는?

• 앞의 걱정을 줄이는 방법을 적용하고 난 후의 결과는?

머릿속에
넣기

❶ 우리는 하지 않아도 될 걱정을 하며 살아간다.

❷ 관객의 입장에서 상황을 보면 객관적으로 볼 수 있어서 문제를 해결할 수 있다.

❸ 미래에 일어날 수 있는 최악의 상황을 떠올리고, 미리 그 상황을 받아 들임으로써 걱정을 줄일 수 있다.

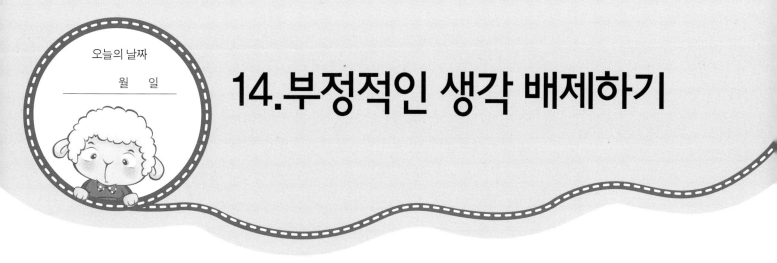

월   일

14. 부정적인 생각 배제하기

사람은 한 번에 한 가지 생각만 할 수 있다고 한다. 부정적인 생각을 할 경우, 그 순간 머릿속은 부정적인 생각으로 가득 차게 된다. 따라서 우리는 늘 긍정적인 생각을 함으로써 부정적인 생각을 머릿속에서 내쫓아야 한다. 여기에서는 부정적인 생각을 내쫓을 수 있는 방법에 대해 알아보자.

오늘의 배울거리

한 번에 한 가지 생각만!

어느 날 하느님은 땅, 산, 나무, 물 등 자연을 만들어 놓고, 뭔가 부족하다고 생각했다. 곰곰이 생각한 끝에 하느님은 자연 속에서 살 수 있는 사람을 만들기로 결심했다. 사람의 겉모습을 완벽하게 만든 하느님은 사람들에게 능력도 완벽하게 주기로 결심했다. 그래서 그들의 능력을 가동*시킬 수 있는 뇌를 머릿속에 집어넣었다.

춥고 배고픔 등을 인식하는 능력, 숫자를 계산하는 능력, 경험한 사실을 입력하는 능력 등 모든 능력을 뇌에 집어넣었다. 이제 마지막으로 남은 능력은 생각하는 능력이었다. 사람에게 완벽한 능력을 주고 싶었던 하느님은 동시에 수만 가지 생각할 수 있는 능력을 뇌에 집어넣었다.

그렇게 탄생한 사람들을 자연 속에 풀어 놓고, 그들이 사는 세상을 하늘 위에서 바라보던 하느님은 자기가 실수했다는 사실을 깨달았다. 한꺼번에 수만 가지 생각을 하느라 사람들은 머릿속이 깨질 듯 아프고 괴로워서 금방 죽고 말았기 때문이다.

자신의 실수를 깨달은 하느님은 그 다음부터 한 번에 한 가지 생각만 할 수 있

●●● 낱말 풀이
가동 : 사람이나 기계 등이 움직여 일함

부정적인 생각 배제하기 **127**

는 사람을 만들었다고 한다. 그래서 지금의 사람들은 동시에 두 가지 생각을 할 수 없고, 한 가지 생각만 할 수 있다고 한다.

앞의 이야기처럼 사람들은 한 번에 한 가지 생각밖에 할 수 없다. 두 가지 생각을 동시에 못한다. 따라서 긍정적인 생각을 할 때는 부정적인 생각을 할 수 없으므로, 긍정적인 생각을 함으로써 부정적인 생각을 내쫓아야 한다.

웃다 보면 행복해진다

시험 성적이 떨어진 서영이는 요즘 풀이 죽어 있다. 공부할 의욕도 안 나고, 시험을 잘 본 아이들이 밉게 느껴진다. 힘들어 하는 자신과는 달리 단짝 친구인 미정이는 뭐가 그렇게 좋은지 매일 웃고 다닌다. 이런 미정이를 보고 서영이는 생각했다.

'미정이는 이번 시험 성적이 잘 나온 게 분명해!'

이렇게 생각하다 보니 단짝 친구인 미정이까지 미워져서 서영이는 단짝 친구인 미정이를 보는 게 괴롭다.

그러던 어느 날, 미정이가 서영이에게 다가와 말했다.

"서영아, 요즘 힘이 없는 것 같아. 힘 좀 나게 웃어 봐!"

미정이의 말을 들은 순간 서영이는 화가 나서 버럭 소리를 질렀다.

"너는 시험을 잘 봐서 그렇게 웃을 힘이 있는지 모르겠지만, 성적 떨어진 나는 웃을 기분 아니거든!"

서영이의 반응에 잠깐 당황해 하던 미정이는 빙그레 미소 지으며 서영이에게 말했다.

"서영아, 나 이번에 성적 많이 떨어졌어."

놀란 서영이가 되물었다.

"성적이 떨어졌다고? 그런데 왜 그렇게 웃고 다니는 거야?"

서영이의 물음에 미정이가 대답했다.

"나도 처음에 성적표를 받고 온 몸에 힘이 빠졌었어. 그런데 곰곰이 생각해 보니, 자꾸 내 자신을 자책하면 자책할수록 힘들어지는 것 같더라고. 그래서 앞으로는 힘들어도 웃자고 다짐했지. 신기한 것은 억지로라도 웃다 보니, 어느 순간 정말 웃게 되더라. 그리고 웃게 되니까 자연스럽게 마음도 행복해지더라."

과학자들이 연기자들을 대상으로 한 실험 결과에 따르면, 연기자들이 화를 내는 장면을 연기할 때 나타나는 신체적 반응이 실제로 화를 낼 때와 똑같다고 한다. 만약 실제로 화를 낼 때 심장 박동수가 빨라졌다면, 화를 내는 연기를 할 때도 심장 박동수가 빨라지는 것이다.

이 실험을 통해 우리는 감정과 신체적 반응이 서로 영향을 준다는 사실을 알 수 있다. 따라서 표정, 어조*, 행동 등을 통해 감정도 바꿀 수 있다. 즉 절망적인 상황에서도 마치 연기하듯이 웃고, 활기차게 생활하면 진짜로 기쁜 마음이 생기는 것이다. 이처럼 행동을 함으로써 감정에 영향을 주는 것을 '가장*법'이라고 한다. 슬픈 일이 생겼을 때, 즐거웠을 때의 표정과 행동으로 가장하면 실제로 즐거워진다는 것이다.

만약 여러분에게 힘든 일이 생기면, 이야기 속 미정이처럼 웃으려고 노력하자. 자신도 모르는 사이에 힘든 마음은 사라지고 즐거운 마음만 남을 것이다.

● ● ● **낱말 풀이**
어조 : 억양
가장 : 태도를 거짓으로 꾸밈. 얼굴이나 몸차림 등을 알아보지 못하게 바꾸어 꾸밈

기억하며 풀기

연기를 하면, 감정도 연기한 대로 바뀔 수 있다. 슬픈 일이 있을 때, 기뻤을 때처럼 연기를 해 보자. 연기에 몰입하면, 자신도 모르는 사이에 기뻐질 수 있다.

1. 우리의 감정과 신체적 반응은 어떤 관계가 있을까? (모두 선택)

　① 신체적 반응은 감정에 영향을 준다

　② 감정은 신체적 반응에 영향을 준다

　③ 감정과 신체적 반응은 서로 영향을 준다

　④ 서로 관계가 없다

　⑤ 한 가지 신체적 반응에는 한 가지 감정만 나타난다

2. 우리는 자신감을 갖기 위해 어떻게 가장할 수 있을까? (모두 선택)

    ① 머리를 꼿꼿하게 든다   ② 활기차게 행동한다

    ③ 씩씩하게 걷는다   ④ 목소리를 밝고 명랑하게 낸다

    ⑤ 어깨를 쭉 편다   ⑥ 얼굴에 미소를 띤다

    ⑦ 큰 소리로 웃는다

3. 유도 선수들이 시합을 할 때 큰 소리로 기합을 넣으면, 어떤 감정이 들까?

    ① 두려움이 생긴다   ② 자신감이 생긴다

    ③ 상대방이 무섭게 느껴진다   ④ 실력이 는다

정확하게
읽기

몰두하면, 슬픔도 잊을 수 있다

늘 밝고, 활기찼던 연우에게 청천벽력*과 같은 일이 생겼다. 아버지가 갑작스런 교통사고로 돌아가시게 된 것이었다. 연우는 한동안 충격 속에서 헤어 나올 수 없었다. 그래서 학교도 무단으로 결석하고, 술을 마신다거나 싸움을 하는 등 방황하기 시작했다. 이를 보다 못한 선생님이 결손* 가정이 모여 사는 천사의 집에 데리고 갔다.

"오늘 하루, 아무 생각 하지 말고 이곳의 일을 거들어 보렴."

연우가 선생님의 말대로 청소, 이불 빨래, 식사 준비 등 일을 끝내고 보니 어느새 날이 저물어 있었다. 선생님이 연우에게 물었다.

"오늘 하루 어땠니?"

그러자 연우가 대답했다.

"일하다 보니 정신없이 하루가 가네요."

연우의 대답에 선생님이 물었다.

"연우야, 일하는 동안 아버지 생각에 슬퍼졌던 적이 있었니?"

연우가 곰곰이 생각해 보니, 일에 너무 집중한 나머지 아버지 생각을 못했던 것 같았다.

"아! 신기하게도 아버지 생각을 못해 본 것 같아요."

● ● ● **낱말 풀이**

청천벽력 : 맑게 갠 하늘에서 치는 날벼락이라는 뜻으로, 뜻밖에 일어난 큰 변고나 사건을 비유적으로 이르는 말

결손 : 어느 부분이 없거나 잘못되어서 불완전함

선생님이 빙그레 웃으며 말했다.

"지금처럼 힘든 일이 있을 때는 슬픔에만 빠져 있기보다는 억지로라도 바쁘게 생활해서 슬픈 기억은 잊고 지내는 게 좋단다. 앞으로 아버지 때문에 힘들어질 때면, 다른 일에 몰두해서 그 슬픔을 잊도록 하렴."

누구든 게임이나 만화책 등에 빠져 본 적이 있을 것이다. 게임을 하거나 만화책을 읽으면서 다른 생각을 하는 경우는 거의 없다. 이처럼 우리는 매일 수만 가지 생각을 하고 있지만 동시에 여러 가지 생각을 할 수 없다. 예를 들어, 기쁜 일을 생각하면서 동시에 슬픈 일을 생각할 수 없는 것이다.

주의해야 할 것은 긍정적인 생각을 하다가 잠깐 생각을 멈추면, 부정적인 생각이 비집고 들어와 잡념*에 빠지게 만들 수 있다는 것이다. 따라서 부정적인 생각을 없애기 위해서는 부정적인 생각이 들려는 찰나 긍정적인 생각을 함으로써 부정적인 생각을 내쫓을 필요가 있다. 부정적인 생각을 내쫓기 힘들다면, 이야기 속 연우처럼 억지로라도 바쁘게 생활하여 생각할 시간을 만들지 않는 것이 좋다.

● ● ● 낱말 풀이
잡념 : 여러 가지 잡스러운 생각

기억하며
풀기

우리는 힘든 일이 생기면, 그 일이 해결될 때까지 걱정과 고민 속에서 살곤 한다. 하지만 계속 걱정과 고민만 하다 보면, 부정적인 생각이 생겨서 의욕도 사라지고 더 힘들어질 수 있다.
걱정과 고민을 하지 않기 위해서 억지로라도 바쁘게 생활하여 다른 일에 집중하는 것이 좋다.

1. 바쁘게 생활하면 어떤 결과가 생길까?

　① 긍정적인 일에 집중하게 된다

　② 부정적인 일에 집중하게 된다

　③ 하고 있는 일에 집중하여 아무런 생각도 하지 않게 된다

　④ 집중력이 없어진다

2. 하고자 하는 일에 집중하면 어떤 좋은 결과가 올까?

    ① 친구와 재밌게 놀 수 있다   ② 일할 시간이 없어진다

    ③ 잠을 잘 잘 수 있다   ④ 걱정할 시간이 없어진다

3. 여러분이 바쁘게 할 일을 계획해 보자.

① 사람은 한 번에 한 가지 생각밖에 할 수 없다.

② 감정과 신체적 반응은 서로 영향을 준다.

③ 행동을 함으로써 감정에 영향을 주는 것을 '가장법'이라고 한다.

④ 바쁘게 생활하면 부정적인 생각을 할 시간이 없다.

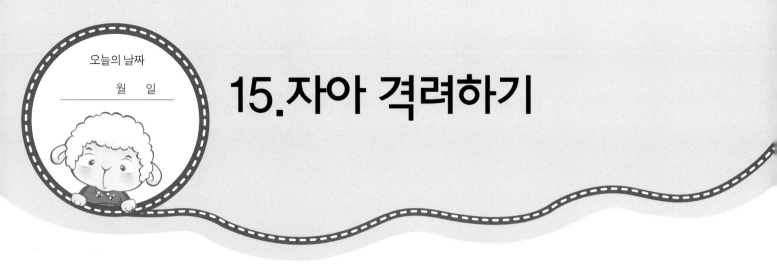

15. 자아 격려하기

다른 사람으로부터 칭찬을 받으면 기분이 좋아지고 자신감이 생긴다. 이러한 칭찬의 효과는 스스로 해도 얻을 수 있다. 스스로 자기 자신을 칭찬하고 격려하면 자신감이 생기고 행복해진다. 여기에서는 스스로 칭찬하는 방법인 자아 긍정에 대해 알아보고, 어떻게 하는 것인지 살펴보기로 하자.

절망 속에서 아름다운 시를 노래한 롱펠로

19세기 최고의 시인으로 평가받는 롱펠로는 두 번씩이나 아내를 잃는 끔찍한 경험을 했다. 첫 번째 부인은 오랜 투병* 생활 끝에 외롭게 숨졌고, 두 번째 부인은 부엌에서 화재가 발생해 비참한 최후를 맞게 된 것이다.

그런데 이상한 것은 아내를 잃은 절망 속에서 지은 롱펠로의 시가 어둡고 칙칙하지 않았다는 것이다. 오히려 너무 밝고 아름다웠다. 이에 대해 한 기자가 롱펠로에게 물었다.

"아내를 두 번씩이나 잃은 경험을 했으면서도 선생님의 작품은 어둡지 않고 아름답습니다. 선생님의 작품을 읽고 있으면, 마치 세상이 아름다움으로 넘쳐 흐르는 것만 같이 느껴지지요. 그 비결*이 무엇입니까?"

기자의 질문에 롱펠로는 마당의 사과나무를 가리키며 답했다.

"저 마당에 심어 있는 나무가 나의 스승입니다. 저 나무는 매우 늙었지만, 나뭇가지에서 해마다 꿀맛 같은 사과가 주렁주렁 열리지요. 그 이유는 늙은 나뭇가지에서 매해 새순*이 돋기 때문입니다."

살다 보면, 많은 일을 겪게 된다. 친구와 크게 싸울 수도 있고, 부모님이 돌아

● ● ● 낱말 풀이

투병 : 병을 고치려고 병과 싸움
비결 : 세상에 알려져 있지 않은 자기만의 뛰어난 방법
새순 : 새로 돋아나는 순

가시는 경우도 있다. 이렇게 힘들고 절망적이 되면, 순간순간 후회나 실망이 우리의 마음에 밀려들어 오곤 한다.

하지만 이럴 때 우리는 부정적인 마음이 밀려들어 오도록 놔두면 안 된다. 마치 치어리더가 된 것처럼, 스스로를 끊임없이 응원하며 부정적인 마음을 밀어내야 한다. 그래야만 어렵고 힘든 일에 도전할 수 있는 힘을 얻어서 위기와 고난*을 극복할 수 있다.

정확하게 읽기

물은 100도가 되기 전에는 끓지 않는다

수정이는 운동 신경이 다른 친구들에 비해 없는 편이다. 어제는 체육 시간에 2단 줄넘기를 하는데, 다른 친구들이 열 개를 넘을 동안 수정이는 한 개도 넘지 못했다. 수정이는 '자기만 못한다.'는 생각에 우울해졌다. 풀이 죽은 수정이에게 선생님이 다가와 말했다.

"수정이는 다음 시간까지 2단 넘기를 연습해 오렴. 그렇게 하면 다음 시간에는 친구들과 더 재미나게 줄넘기를 할 수 있을 거야."

선생님의 말에 수정이는 더욱 우울해졌다.

"어차피 저는 운동 신경이 없어서, 아무리 연습해도 소용없을 거예요."

힘없이 말하는 수정이에게 선생님이 물었다.

"수정아, 물이 몇 도에 끓는지 아니?"

줄넘기 얘기를 하다가 갑자기 과학 얘기를 하는 선생님을 황당하다는 듯 쳐다보며 수정이가 답했다.

"100도 아닌가요? 그런데 갑자기 왜 과학 얘기를 하시는 거예요?"

"물이 끓는 원리를 알면, 너도 할 수 있다는 생각이 들 거란다. 네 말처럼 물은 100도가 돼야 보글보글 끓기 시작하지. 하지만 100도가 되지 않으면 물은 아무런 미동*도 없단다. 그러니까 못할 거라는 생각으로 미리 포기하는 것만큼 어리석은 건 없어. 혹시 아니? 포기했을 때가 끓기 바로 직전인 99.9도일 수도 있다는 사실을. 그러니깐 쉽게 포기하지 말고 열심히 노력하렴. 그리고 포기하고 싶은 마음이 들 때면, 할 수 있다고 끊임없이 자기 자신을 응원해 주렴.

스스로 응원해 주고, 격려해 주는 것만큼 힘이 나는 건 없단다."

선생님의 이야기를 듣고 수정이는 크게 감동받았다.

실패했을 때 '나는 할 수 없다.'는 마음이 너무 강하면, 아무리 다른 사람이 위로를 해 주고 응원을 해 주어도 힘이 나지 않는다. 자신의 마음을 바꾸는 것은 바로 자기 '자신'이기 때문이다. 따라서 스스로에게 힘을 주는 '자아 긍정'을 통해 자신을 격려해야 한다. 이 방법은 어렵지 않다. 마치 친구를 위로하고 격려하는 것처럼, 자기 자신을 위로하고 격려하는 것이다.

'자아 긍정'을 통해 스스로를 위로하고 격려해 주면, 자신감이 생겨서 긍정적인 효과를 얻을 수 있다. 아래 4가지 원칙으로 '자아 긍정'을 하면 훨씬 더 효과적이다.

첫째, 간결하고 분명해야 한다.

둘째, 적극적이고 활기찬 말을 사용해야 한다.

셋째, 부정문을 쓰지 말고, 긍정문을 써야 한다.

넷째, 희망하는 일이 이미 실현됐다고 생각하고 말한다.

기억하며 풀기

'자아 긍정'을 통해 스스로를 위로하고 격려해 주자. 특히 네 가지 원칙을 지켜 자아 긍정을 해 보자. 그리고 자아 긍정을 통해 어떤 긍정적인 효과가 있었는지 생각해 보자.

1. 다음 중 어느 것이 더 훌륭한 '자아 긍정'을 나타내는 말일까?

　①나는 매력이 넘치는 최고의 웅변가다

　②나는 다른 사람보다 나은 최고의 웅변가다

2. 다음 중 어느 것이 더 훌륭한 '자아 긍정'을 나타내는 말일까?

　①나는 끈기*를 갖게 될 것이다

　②나는 현재 끈기를 갖고 있다

● ● ● **낱말 풀이**
끈기 : 쉽게 단념하지 아니하고 끈질기게 견디어 나가는 기운

3. 다음 중 어느 것이 더 훌륭한 '자아 긍정'을 나타내는 말일까?

   ① 너는 절대 지지 않을 것이다

   ② 나는 꼭 이긴다

4. 다음 중 어느 것이 더 훌륭한 '자아 긍정'을 나타내는 말일까?

   ① 나는 최고야, 꼭 할 수 있어

   ② 그는 최고야, 꼭 할 수 있어

5. 다음 중 어느 것이 더 훌륭한 '자아 긍정'을 나타내는 말일까?

   ① 나는 훌륭한 운동선수가 될 수 있어

   ② 나는 훌륭한 운동선수다

정확하게 읽기

시간은 금이다

현아의 책상 앞에는 '시간은 금이다.'라는 명언*이 떡하니 붙여져 있다. 현아는 그 문구를 보면서 늘 시간의 중요성을 가슴속에 새기고 있다.

사실 현아는 1년 전만 해도 시간에 대한 중요성을 절실히 깨닫지 못했었다. 아침이면 늘 엄마가 깨워 주었고, 친구들과의 약속에 늦는 것도, 친구들에게 원성*은 살지언정 크게 문제 되는 일은 아니라고 생각했기 때문이었다.

그러던 어느 날, 엄마가 뜻밖의 교통사고로 병원에 입원을 하게 되었다. 엄마는 병원에 입원을 했고, 아빠는 새벽 일찍 출근을 하기 때문에 아침에 현아를 깨워 줄 사람이 없었다. 당연히 현아는 매일 지각을 할 수밖에 없었고, 매일 선생님한테 혼이 나야만 했다. 하지만 그때까지도 현아는 시간의 중요성을 절실히 깨닫지는 못했다.

시간이 흘러 학예회 날이 다가왔다. 현아는 소품 담당을 했었는데, 그날도 늦잠을 자서 학교에 늦고 말았다. 현아가 도착했을 때는 이미 현아네 반 순서는 지나가고 말았다. 반 친구들은 소품도 없이 무대 위로 올라가야만 했고, 관객들로부터 비웃음을 사고 말았다.

낱말 풀이

명언 : 사리에 맞는 훌륭한 말
원성 : 원망하는 소리

이 경험을 계기로 현아는 시간은 꼭 지켜야 하고, 소중한 것이라는 사실을 절실히 깨닫게 됐다. 그래서 책상 앞에 명언을 붙여 놓고, 자신을 격려하며 '시간 약속 지키기'를 실천하고 있다.

심리학자들의 연구에 따르면 위인들이 남긴 명언이 사람들에게 깊은 인상을 남기고, 사람들을 격려한다고 한다. 오랜 세월 동안 다듬어진 아름다운 글귀는 사람이 수천 년 동안 쌓아 온 지혜의 결정체이며 보물이다.

명언은 자신이 처한 상황을 알게 하고, 문제점을 찾을 수 있도록 돕는다. 따라서 여러분을 감동시키고 격려하는 명언이나 아름다운 글귀가 있다면, 그것을 자신의 좌우명*으로 삼고 잘 보이는 곳에 붙여 놓자. 예를 들어 책상 위, 침대 머리, 지갑, 일기 등 쉽게 찾아볼 수 있는 곳에 붙여 놓아 필요할 때마다 자신을 격려하고 깨우치자.

● ● ● ● 낱말 풀이
좌우명 : 늘 자리 옆에 갖추어 두고 가르침으로 삼는 말이나 문구

기억하며 풀기

마음에 와 닿는 명언을 찾아보고, 필요할 때마다 찾아볼 수 있는 곳에 붙여 놓자. 매일 명언을 보면서 자신을 격려하자.

1. 위인들이 남긴 명언은 어느 분야에서 활용할 수 있을까? (모두 선택)

① 친구 관계   ② 공부   ③ 용돈 관리   ④ 가족 관계   ⑤ 학교 생활

2. 자신이 좋아하는 명언을 찾아 아래에 적어 보자.

자아 격려하는 방법 체크하기

다음은 자기 자신을 격려하는 여러 가지 방법이다. 곰곰이 생각하여 자신에게 적합한 방법을 체크해 보자.

1. 나에게 가장 적합한 자아 격려 방법은 어떤 것일까?

① 사람의 마음을 격려하는 음악을 감상한다

② 마음이 따뜻해지는 영화를 본다

③ 명언을 인터넷으로 찾아본다

④ 이전의 성과를 적어 리스트를 만든다

⑤ 성공한 사람들의 이야기를 읽는다

⑥ 자신이 존경하는 인물을 찾아 자신의 모델로 삼는다

⑦ 비전을 세우고 미션을 실현하는 그림을 붙이고 매일 본다

⑧ 비전을 적은 카드를 잘 보이는 곳에 걸어 둔다

① 마치 치어리더가 된 것처럼 스스로를 끊임없이 응원하며 부정적인 마음을 밀어내야 한다.

② 자아 긍정이란 자신을 격려하는 말로 스스로에게 힘을 주는 것이다

③ '자아 긍정'의 원칙은 다음과 같다.

첫째, 간결하고 분명해야 한다.

둘째, 적극적이고 활기찬 말을 사용해야 한다.

셋째, 부정문을 쓰지 말고, 긍정문을 써야 한다.

넷째, 희망하는 일이 이미 실현됐다고 생각하고 말한다.

④ 명언은 사람들을 격려하고 깊은 인상을 남겨 준다.

참고답안

사람들마다 생각이 다를 수 있다. 어떤 답이 절대적으로 옳다고 말할 수 없기 때문에 여기에 있는 답은 참고답안일 뿐이지 정답이 아니다. 그리고 혹시 답이 나와 있지 않은 문제는 자유롭게 생각하면 된다.

CHAPTER 1
생각에는 '힘'이 있다!

수학에 자신감이 붙은 희선이의 비결!
1. ②, ⑤, ⑥, ⑧   2. ①, ②, ③, ④, ⑤, ⑦, ⑧   3. ②   4. ②   5. ④   6. ①   7. ②

'A, B, C 인류 행동 모델' 따라 하기
1. ②   2. ④   3. ③   4. ④   5. ③   6. ②   7. ②   8. ③   9. ②   10. ①

CHAPTER 2
생각은 운명을 바꾼다!

맛 좋고 튼실한 벼를 수확한 긍정이!
1. ③   2. ④   3. ①, ②, ④, ⑤   4. ①, ②, ④, ⑥   5. ③, ⑥   6. ②

즐거운 까치
1. ②, ③, ⑤, ⑥   2. ①, ⑥   3. ④   4. ②

행복한 헬렌 켈러와 불행한 나폴레옹
1. 인디언/에스키모인   2. 악사/여인   3. 두 사람이 마주 보는 얼굴/꽃병   4. 미녀/노파

돛의 방향을 바꾼 꾀돌이의 지혜
1. ②   2. ①   3. ②   4. ①   5. ①   6. ②   7. ②   8. ①   9. ②   10. ①   11. ②   12. ①   13. ②
14. ①   15. ②   16. ①   17. ②   18. ①   19. ②   20. ①   21. ①   22. ②

CHAPTER 3
긍정적인 생각을 갖자!

희망찬 미래를 꿈꾼 순동이
1. ①, ②, ③, ⑥   2. ④   3. ③   4. ①, ②, ③, ④, ⑤, ⑥, ⑦, ⑧

낙관적인 에디슨
1. ①, ⑤   2. ②   3. ②   4. ②, ③, ④   5. ③, ④, ⑥

여러분의 긍정지수는 몇 점일까?
'①'을 선택하면 0점이고, '②'를 선택하면 1점을 얻는다.

긍정적인 생각 선택하기
1. ③   2. ②   3. ④   4. ①   5. ②

CHAPTER 4
부정적인 생각이란 무엇일까?

불에 타 버린 돌쇠네 집
1. ④ 2. ① 3. ① 4. ①, ③, ⑤, ⑧ 5. ② 6. ② 7. 모두 정답

비행기에서 떨어진 스턴트맨
1. ③ 2. ② 3. ② 4. ① 5. ②

발표를 하다 울어 버린 부정이
1. 모두 정답 2. ①, ②, ③, ④, ⑤, ⑧ 3. 모두 정답 4. ② 5. ②

CHAPTER 5
부정적인 생각은 어떻게 해서 생길까?

절망에 빠진 강아지
1. ④ 2. ② 3. ① 4. ② 5. ② 6. ①, ②, ④, ⑤

그 아버지에 그 자식!
1. 모두 정답 2. ① 3. ④ 4. ② 5. ①

자신감 넘치는 '칭찬이'와 주눅 든 '꾸중이'
1. ③, ④ 2. ①, ②, ④ 3-1. ③ 3-2. ① 3-3. ① 3-4. ④

CHAPTER 6
부정적인 생각도 계속하면 습관이 된다

뿌리내린 나무는 뽑기 어렵다!
1. ③ 2. 자기 자신을 반성하고, 어떤 부정적인 생각을 했는지 적어 보기

목요일은 걱정의 날!
1. 생각 일기 써 보기

CHAPTER 7
실패를 발판으로 삼자

실패에 동요하지 않은 수영 선수, 매트 비온디
1. ④ 2. ② 3. ②, ④, ⑤

땅속 깊숙이 뿌리를 내리자
1. ② 2. ② 3. ② 4. ① 5. ①

CHAPTER 8
생각의 함정에 빠지지 않으려면!

장님 코끼리 만지기
1. ①, ③, ④, ⑥ 2. ②

보물이라고 해서 늘 꼭꼭 숨겨져 있는 것은 아니다
1. ⑤ 2. ⑥ 3. ⑤

'생각의 함정' 반박하기
1. 모두 정답 2. ①, ②, ③ 3. 부정적인 생각 반박해 보기

지은이 **리앙즈웬**(梁志援)

저자는 홍콩 이공대학과 마카오 동아대학(마카오 대학)에서 경영관리 학사학위, 마케팅 학사학위와 석사학위를 받았으며, 아동사고훈련 및 컴퓨터교육 분야에서 많은 현장 경험을 가지고 있다. 현재 홍콩 컴퓨터학회, 영국 특허마케팅학회, 홍콩 컴퓨터교육학회와 홍콩 인터넷교육학회 회원으로 활동하고 있다. 또한 컴퓨터 과학기술, 심리학, 신경언어학(NLP)을 통해 아동과 청소년 양성에 주력해 왔다. 그는 또한 사고방법, 교수법, 잠재의식 운영, 심리학 등의 관련 학문을 공부했다.
홈페이지 www.youngthinker.net

옮긴이 **이선애**

중국 길림성 연변대학 신문방송학과를 졸업하고 3년 동안 기자로 활동했다. 이후 좋은 책을 만드는 사람이 되고 싶어 5년 동안 편집인으로 살다가 한국 연세대학교 중어중문학과 문화학전공 석사 졸업, 현재 동대학원 박사과정에 있다. 번역서로는 《영어그림책 읽어주는 엄마》,《그림책 읽어주는 엄마》 등이 있다.

한언의 사명선언문

Since 3rd day of January, 1998

Our Mission – 우리는 새로운 지식을 창출, 전파하여 전 인류가 이를 공유케 함으로써 인류문화의발전과 행복에 이바지한다.

– 우리는 끊임없이 학습하는 조직으로서 자신과 조직의 발전을 위해 쉼없이 노력하며, 궁극적으로는 세계적 컨텐츠 그룹을 지향한다.

– 우리는 정신적, 물질적으로 최고 수준의 복지를 실현하기 위해 노력하며, 명실공히 초일류 사원들의 집합체로서 부끄럼없이 행동한다.

Our Vision   한언은 콘텐츠 기업의 선도적 성공모델이 된다.

저희 한언인들은 위와 같은 사명을 항상 가슴 속에 간직하고
좋은 책을 만들기 위해 최선을 다하고 있습니다.
독자 여러분의 아낌없는 충고와 격려를 부탁드립니다.

• 한언 가족 •

HanEon´s Mission statement

Our Mission – • We create and broadcast new knowledge for the advancement and happiness of the whole human race.

– • We do our best to improve ourselves and the organization, with the ultimate goal of striving to be the best content group in the world.

– • We try to realize the highest quality of welfare system in both mental and physical ways and we behave in a manner that reflects our mission as proud members of HanEon Community.

Our Vision   HanEon will be the leading Success Model of the content group.